AUTOAYUDA

Wayne W. Dyer

En busca del equilibrio

Traducción de
Esther Roig

DEBOLS!LLO

En busca del equilibrio

Título original: *Being in Balance*

Primera edición en España: enero, 2008
Primera edición en México: abril, 2008

D. R. © 2006, Wayne W. Dyer
D. R. © 2008, Esther Roig, por la traducción

Publicado originariamente en 2006 por Hay House Inc.,
EE.UU.

Diseño de la portada: Departamento de diseño de Random
House Mondadori/Marianne Lépine
Ilustración de la portada: © Aaron Black/Solus-Veer/Corbis

D. R. © 2008, de la presente edición en castellano para todo el mundo:
    Random House Mondadori, S. A.
    Travessera de Gràcia, 47-49. 08021 Barcelona

D. R. © 2008, derechos mundiales en lengua castellana excepto Estados Unidos, Canadá y Puerto Rico:
    Random House Mondadori, S. A. de C. V.
    Av. Homero No. 544, Col. Chapultepec Morales,
    Del. Miguel Hidalgo, C. P. 11570, México, D. F.

www.randomhousemondadori.com.mx

Comentarios sobre la edición y contenido de este libro a:
literaria@randomhousemondadori.com.mx

Queda rigurosamente prohibida, sin autorización escrita de los titulares
del *copyright*, bajo las sanciones establecidas por las leyes,
la reproducción total o parcial de esta obra por cualquier medio o
procedimiento, comprendidos la reprografía, el tratamiento informático,
así como la distribución de ejemplares de la misma mediante
alquiler o préstamo público.

ISBN 978-970-810-353-4

Impreso en México / *Printed in Mexico*

Para Elizabeth Crow.
Diez mil gracias por tu mágica y amorosa presencia.
Ilumina todas las páginas de este libro

Para mi hermano David.
Nos equilibramos en los años difíciles.
Te quiero

Índice

Introducción 13

1. *Una infinidad de bosques duermen en los sueños de una bellota* 15
2. *La vida es algo más que hacer que discurra más deprisa* 25
3. *No puede besarse la propia oreja* 37
4. *Su adicción le dice: «Nunca tendrá bastante de lo que no quiere»* 49
5. *No es lo que come; es lo que cree sobre lo que come* . 63
6. *No puede descubrir luz analizando la oscuridad* 75
7. *Luchar contra las condiciones adversas hace que estas aumenten su poder sobre usted* 89
8. *El amor es lo que queda cuando el enamoramiento se desvanece* 103
9. *La tierra está repleta de cielos* 115

Sobre el autor 127

La carencia es un gigante que crece y al que el manto del Tener nunca llega a cubrir...

RALPH WALDO EMERSON

Introducción

El equilibrio define nuestro Universo. El cosmos, nuestro planeta, las estaciones, el agua, el viento, el fuego y la tierra están todos en perfecto equilibrio. Los humanos somos la única excepción.

Este libro pretende ayudarle a recuperar el equilibrio natural en todos los aspectos de la vida. Encontrar el equilibrio no consiste tanto en adoptar nuevas estrategias para cambiar nuestro comportamiento, como en realinear todos sus pensamientos para crear un equilibrio entre lo que desea y la vida que lleva.

Cuando mi editor finalizó la última lectura de este libro, garabateó estas palabras en la primera página: «Wayne, ¡estar en equilibrio es genial! Nadie puede leer esto sin sentirse revitalizado. Me siento como si hubiera recuperado mi equilibrio». Espero que experimente la misma sensación de despertar gozoso al equilibrio perfecto de nuestro Universo cuando lea y adopte estos nueve principios. Ese era mi propósito cuando dejé fluir estas ideas a través de mí y las materialicé en estas páginas.

Me encanta este libro. Me encanta cómo lo siento en mis

manos, y me encanta el mensaje que contiene para usted. Aplique estos principios cada día para recuperar ese lugar perfectamente equilibrado en el que se originó.

Con afecto y gloriosa luz,

Wayne W. Dyer,
Maui, Hawai

1

*Una infinidad de bosques duermen
en los sueños de una bellota.
(Equilibrar los sueños con los hábitos.)*

La auténtica imaginación no es un ensueño caprichoso, es un fuego celestial.

ERNEST HOLMES

El mayor logro fue primero y durante un tiempo un sueño. El roble duerme en la bellota; el pájaro duerme en el huevo, y en la visión más elevada del alma, un ángel despierto se agita. Los sueños son los retoños de las realidades...

JAMES ALLEN

Uno de los mayores desequilibrios de la vida es la disparidad entre su existencia diaria, con sus rutinas y hábitos, y el sueño que lleva en su interior de tener una vida extraordinariamente satisfactoria. En la cita que inicia este capítulo, James Allen explica a través de la poesía que el sueño es el reino mágico del que emerge la vida recién creada. En el interior de cada individuo existe una capacidad ilimitada para la creación, lo que Allen llama *un ángel despierto*, que está deseosa de plantar semillas para llenar sus sueños y su destino. No pude resistirme a incluir la cita de Ernest Holmes que describe esa imaginación dinámica como «fuego celestial». Ambas son invitaciones y recordatorios de que necesita atender ese fuego continuo, el sueño que lleva en su interior, si para usted es importante vivir una existencia equilibrada.

Cómo aparece ese desequilibrio en su vida

Esa ausencia de equilibrio entre sueños y hábitos puede ser muy sutil. No se revela necesariamente en los síntomas obvios de acidez de estómago, depresión, enfermedad o ansiedad; es algo que se experimenta más a menudo como un constante compañero no deseado, que continuamente le susurra que está ignorando algo. Existe una tarea o experiencia frecuentemente no identificada que para usted forma parte de su existencia. Puede parecer intangible, pero usted siente el anhelo de ser lo que quería ser. Siente que hay una agenda oculta; su *forma de vida* y su *razón de vivir* están desequilibradas. Hasta que preste atención a ese desequilibrio, ese visitante sutil seguirá pinchándolo para que recupere su equilibrio.

Piense en una balanza con un platillo abajo y el otro arriba, como un balancín con un niño obeso en un extremo y uno flaco en el otro. En ese caso, el extremo pesado que desequilibra la balanza es el niño con sobrepeso que representa el comportamiento diario: el trabajo que realiza, el lugar donde vive, la gente con la que interactúa, su situación geográfica, los libros que lee, las películas que ve, y las conversaciones que llenan su vida. Ninguna de esas cosas son necesariamente malas. El desequilibrio existe porque estas últimas no son saludables para su vida: sencillamente no se ajustan a lo que usted se había imaginado que sería. Cuando algo no es saludable, no es bueno, y en cierto modo usted lo siente así. Quizá le resulte conveniente cuando vive una vida basada en las apariencias, pero el peso de su insatisfacción crea un enorme desequilibrio en la única vida que posee en este momento.

Está perplejo con la omnipresente y molesta sensación de insatisfacción que no elimina, una sensación de vacío en la boca del estómago. Aparece cuando está profundamente dormido y sus sueños están repletos de recordatorios de lo que le habría gustado ser, pero se despierta y de nuevo se empeña en aferrarse a su rutina que le aporta seguridad. Sus sueños también exigen su atención en la vida de vigilia cuando se muestra petulante y discute con los demás, porque en realidad está tan frustrado consigo mismo que intenta aliviar esa presión expulsando su ira. El desequilibrio se disfraza de frustración con su estilo de vida actual. Si se permite pensar en ese «fuego celestial», entonces racionaliza su statu quo con explicaciones y divagaciones mentales que, en el fondo, sabe que no son más que excusas porque no cree tener las herramientas necesarias para conseguir ese equilibrio.

Es posible que llegue un momento en el que cada vez sea más duro consigo mismo y recurra a la medicación y a otros tratamientos para esa sensación de incapacidad y la llamada *depresión*.

Probablemente se sentirá más y más airado, con constantes cambios de humor, con alteraciones menores, como resfriados, dolores de cabeza e insomnio, y más a menudo. Cuanto más tiempo transcurra en ese estado de desequilibrio, menos entusiasmo experimentará por su monótona vida. El trabajo se vuelve más rutinario; es usted menos emprendedor y los objetivos se reducen. Esta depre empieza a afectar a su comportamiento con su familia y con aquellas personas que ama. Se altera con facilidad, y provoca a los demás sin razón aparente. Si es capaz de ser sincero consigo mismo, reconocerá que su irritabilidad surge del desequilibrio con el gran sueño que siempre ha tenido, y que en este momento parece que se le escape.

Cuando emergen esos síntomas sutiles, es crucial explorar el tipo de energía que está usted aportando a la balanza para crear equilibrio, o en este caso, desequilibrio. El peso de la angustia está anulando su razón de ser, pero usted es el único que puede reequilibrar la balanza de su vida. A continuación le ofrecemos algunas herramientas para ayudarle a recuperar una vida equilibrada. Empezaremos por reconocer de qué forma se está saboteando.

Energía mental que imposibilita la manifestación de sus sueños

Su deseo de ser y vivir con grandeza forma parte de su energía espiritual. Para crear equilibrio en ese aspecto de su vida, debe usar la energía de sus pensamientos para armonizar con lo que desea. Su energía mental atrae lo que usted piensa. Los pensamientos que homenajean la frustración atraerán frustración. Cuando dice o piensa algo como «No puedo hacer nada, mi vida está fuera de control y estoy atrapado», eso es lo que atraerá: es decir, ¡resistencia a sus mayores deseos! Cada pensamiento de frustración supone comprar un billete para más frustración. Cada pensamiento que le diga que está atrapado y que usted acepte es pedir al universo que le envíe *más* de ese pegamento para *permanecer* pegado.

La herramienta más importante para estar equilibrado es saber que *usted y solo usted es responsable del desequilibrio entre lo que sueña que debe ser su vida, y los hábitos diarios que alejan su existencia de ese sueño.* Puede crear una nueva alineación con su energía mental e instruir al Universo para que le envíe oportunidades para corregir ese desequilibrio. Cuando lo haga, descubrirá que el mundo de la realidad tiene sus límites, pero no es así el de su imaginación, que carece de ellos. De esta imaginación sin límites nace la plántula de una realidad que ha estado pidiendo a gritos que se le devuelva a su entorno equilibrado.

Recuperar el equilibrio

El objetivo de ese principio es crear un equilibrio entre sueños y hábitos. La mejor forma de empezar es reconociendo los signos de su comportamiento habitual; después debe cambiar su forma de pensar para que esté en equilibrio con sus sueños. ¿Cuáles son sus sueños, entonces? ¿Qué vive en su interior que nunca ha desaparecido? ¿Qué luz nocturna sigue brillando, aunque solo se trate de un destello, en sus pensamientos y sueños? Sea lo que sea, por absurdo que pueda resultar a los demás, si desea restaurar el equilibrio entre sus sueños y sus hábitos, necesita realizar un cambio en la energía que está contribuyendo a sus sueños. Si está desequilibrado, es fundamentalmente porque ha permitido que, debido a la energía que invierte en sus hábitos, estos definan su vida. Esos hábitos, y las consecuencias de los mismos, son el resultado de esa energía que les ha dado.

En las primeras etapas del proceso de reequilibrio, concéntrese en su conciencia: *Obtiene lo que piensa, tanto si lo quiere como si no.* Comprométase a pensar en lo que desea, y olvídese de lo imposible o difícil que pueda resultar alcanzar esos sueños. Deles un lugar en el que estar en la balanza de equilibrio para así poder visualizarlos y para que ellos se empapen de la energía que merecen. Los pensamientos son energía mental: son la moneda de cambio que debe atraer hacia sí con su deseo. Debe aprender a no gastar esa moneda de cambio en pensamientos que no desea, aunque se sienta tentado de seguir con su comportamiento habitual. Su cuerpo puede continuar así un tiempo, funcionando de la forma en que está entrenado, pero mientras tanto los pensamientos se alinean con sus sueños. La famosa escritora del siglo XIX Louisa May Alcott expresa esa idea de una forma muy estimulante:

> *Muy lejos en la luz del sol están*
> *mis inspiraciones más elevadas.*
> *Puede que no las alcance,*
> *pero puedo mirar y ver la belleza,*
> *creer en ellas e intentar*
> *seguir hasta donde me lleven...*

Resulta posible recuperar una apariencia de equilibrio entre sus sueños y sus hábitos si tenemos presentes las palabras de la señora Alcott: «mirar y ver», y «creer en ellas». Las palabras hacen que surja una alineación enérgica. En lugar de centrar sus pensamientos en lo que es, o en lo que ha planeado para su vida, cambie y mire y vea, y crea firmemente en lo que ve. En cuanto empiece a pensar así, el Universo se pondrá de su parte y trabajará con usted; le enviará precisamente lo que usted está pensando y creyendo. No siempre sucede de forma inmediata, pero en cuanto se inicia la realineación en sus pensamientos, usted ya empieza a estar en equilibrio.

El hábito de pensar en sintonía con sus sueños

Oscar Wilde observó en una ocasión que «Estamos todos en el sumidero, pero algunos miramos las estrellas». Este es un ejemplo perfecto de lo que representa alinear su visión y sus pensamientos para que estén en equilibrio con lo que siente que está destinado a ser. Un pensamiento como «Es mi intención crear un lugar para ayudar a los niños desfavorecidos» es en realidad un mensaje al Universo. Si cree firmemente que está aquí con un propósito concreto, debe cultivar la energía para lograr ese sueño. No importa cuáles sean las circunstancias de su vida. Su estado económico actual no es importante cuando se trata de perseguir su objetivo. La presencia de un grupo de escépticos no debe disuadirle o hacer que dude de su atracción por ese objetivo. Todo aquello que haga para equilibrar su vida con su sueño empezará a cocrear su vida.

Cocrear es recurrir a la cooperación de la energía del campo invisible del Espíritu. Equilibra perfectamente su objetivo mundano con la pura energía de la creación. Emula ese campo de creación siendo lo más parecido posible a él. Ello implica que debe estar usted dispuesto a contemplarse como un ser en equilibrio que atrae las condiciones que desea obtener. *Es en la contemplación de ese poder donde realmente adquiere el poder.* Relea esa afirmación hasta que se le quede grabada en la mente. No podrá realizar su sueño de crear un centro para niños desfavorecidos si considera la posibilidad de que no está capacitado para hacerlo. Aunque esté en el sumidero, tiene la opción de mirar las estrellas, por lo que debe pensar en ellas y rechazar los pensamientos que lo atraen hacia el sumidero. Su punto de equilibrio es una certeza que afirma con pensamientos como «Lo sé», «Lo deseo», «Está en marcha», «Nada puede detenerlo», y «No tengo por qué preocuparme».

Esa alineación dará un vuelco a su mundo. El Universo se basa en una Ley de Atracción. Verá cómo el Universo conspira con usted para atraer a las personas adecuadas, una situación económica satisfactoria, y acontecimientos aparentemente sincrónicos que harán realidad sus sueños, en el lugar y en el momento apropiados. Cuando está equilibrado con pensamientos que le dicen que merece esa cooperación del mundo del Espíritu, participa en el proceso de hacerlo realidad. Está disfrutando porque está en equilibrio con la energía creativa de la vida. Ya no le será posible quedarse quieto mientras se queja o se siente frustrado. ¡Está energizado! ¿Por qué? Porque está equilibrado con el Origen de toda creación. Y de ese modo, accede a la creatividad atrayendo con sus pensamientos todo lo que necesita. No funcionará si está en un estado de desequilibrio, quejándose, viviendo con miedo o esperando lo peor.

El mismo proceso de realineación para equilibrar la energía de su sueño con sus hábitos diarios se aplica a todo lo que usted pueda imaginarse: componer y producir su propio álbum de música, entrenar caballos, adoptar a un niño de un país del tercer mundo, tener una casa en el campo, conseguir ese empleo con el que siempre ha soñado, ganar dinero para liquidar las deudas, correr un maratón... Todo aquello que desee; si puede soñar con ello, lo conseguirá. Pero solo si es capaz de alinear su energía creativa interna —sus pensamientos— para que coincidan con sus deseos. Los pensamientos que refuerzan los hábitos actuales, que no se ajustan a sus deseos, deben sustituirse por una energía alineada.

Nadie lo ha expresado mejor que Jesús de Nazaret: «Cree que recibirás y recibirás». ¿Por qué dudar de una sabiduría tan equilibrada?

2

*La vida es algo más que hacer que discurra más deprisa.
(Equilibrar su deseo para disfrutar de la vida
con su necesidad de triunfar.)*

Cuanto más avances hacia Dios, menos tareas mundanas te dará para realizar...

RAMAKRISHNA

Uno de los síntomas de que se acerca una crisis nerviosa es creer que el propio trabajo es terriblemente importante...

BERTRAND RUSSELL

La clave para equilibrar su deseo de estar en paz con su necesidad de triunfar, de sentirse realizado y de ganarse la vida radica en reconocer que el estrés no existe: solo hay personas con pensamientos estresantes. Es así de sencillo. Cuando cambia su forma de procesar el mundo, ese mismo mundo también cambia.

El estrés es un trabajo interno. No puede usted llenar un recipiente con él porque la tensión no es algo físico ni un objeto. No hay nada que usted pueda señalar y decir: «¡Ahí está, eso es estrés!». No existe en esa forma. Sin embargo ciento doce millones de personas en Estados Unidos toman medicación para los síntomas relacionados con el estrés, que incluyen fatiga, palpitaciones, indigestión, diarrea, estreñimiento, nerviosismo, comer en exceso, picores, morderse las uñas, pérdida de apetito, insomnio, ansiedad, irritabilidad, pánico, cambios de humor, lapsos de memoria, incapacidad para concentrarse, úlceras, comportamiento obsesivo-compulsivo, angustia... y así sucesivamente una lista casi inacabable. Y todos están causados por algo que no existe en el mundo físico.

Estar desequilibrado debido al estrés hace que seamos uno de esos millones de personas que necesitan medicación para controlar los síntomas anteriormente enumerados. Significa que a menudo se siente usted exasperado porque nunca disfruta del todo de la vida que tanto trabajo le ha costado conseguir. A menudo siente como si se hubiera pasado la vida avanzando por una rueda interminable. Toda la presión que supone trabajar y esforzarse puede aportarle muchas compensaciones mundanas, pero al mismo tiempo tiene usted la sensación de no ir absolutamente a ninguna parte.

Si esto le resulta familiar, entonces debe empezar a reconsiderar formas de procesar pensamientos sobre su vida y su trabajo, e intentar liberarse de los síntomas del estrés buscando un mayor equilibrio. Conseguir el equilibrio no exige necesariamente un cambio de comportamiento. Sin duda puede iniciar actividades de reducción del estrés como meditación, ejercicio, paseos por la playa, o lo que a usted mejor le funcione. Pero si se empeña en conseguir más, en vencer a alguien, en ganar a toda costa, y en vivir más deprisa porque cree que así debe ser, tiene todas las posibilidades de atraer el equivalente vibracional de ese pensamiento en su vida, ¡aunque practique yoga y haga el pino cada día mientras recita mantras!

La reducción del estrés exige realineación

Nos convertimos en lo que pensamos a lo largo del día. También nos convertimos en *cómo* pensamos a lo largo del día. Para medir el peso de sus pensamientos, necesita pensar en vibración y energía. Supongamos que tiene un deseo de alta frecuencia de ser una persona sin síntomas de estrés. Asignemos a ese pensamiento un 10 en una escala del 1 al 10, donde el pensamiento de menor energía de 1 representa una crisis nerviosa, y el 10 un dominio pacífico y sabio.

A continuación, debe fijarse en los pensamientos que tiene que confirman su deseo de una vida apacible y sin estrés. Pensamientos como «Estoy abrumado», «Nunca tengo tiempo suficiente», «Hay tantas personas exigiéndome cosas que no tengo tiempo ni para pensar», «Tengo tanto que hacer que no sé por dónde empezar», «Me siento presionado por la necesidad de ganar dinero para pagar las facturas» no son equilibrados y apacibles. Esos pensamientos son energía resistente, que contrarresta el deseo de una existencia tranquila y libre de estrés. En otras palabras, no están alineados y por lo tanto se encuentran desequilibrados. Su deseo puede ser un 10, pero su energía mental en esa situación está en una banda más baja, tal vez de 2 o de 3.

Cambiar su comportamiento no hará que recupere el equilibrio. Sigue atrayendo síntomas de estrés cuando dice no a las personas y a sus exigencias, pero vibra a una frecuencia que piensa: «Debería estar haciendo lo que me piden», o «Tal vez luego pueda hacerlo». Es posible que haya reducido un programa repleto y frenético, pero sigue irradiando pensamientos de miedo y de angustia, que activarán la Ley de la Atracción que a su vez le provocará miedo y ansiedad.

Los pensamientos estresantes hacen que se incline la balanza; eso es lo que conlleva la Ley de la Atracción. Recuerde: «¡Se convierte en lo que piensa!». Si piensa con angustia, ira o miedo, puede imaginarse lo que sucederá. ¡Eso es lo que la Ley de la Atracción atraerá! Aunque disponga de un programa bien equilibrado que le permita disfrutar de más tiempo libre, e incluso de muchas actividades de reducción del estrés en su calendario personal reducido, si no logra sintonizar sus pensamientos con el éxito que es capaz de atraer, el peso de los pensamientos dominantes inclinará la balanza alejándolo así de una vida equilibrada. La forma como vive su existencia cotidiana permanecerá desequilibrada, y habrá fracasado en su intento de asimilar la esencia del consejo de Gandhi que dice que la vida es algo más que «aumentar su velocidad».

Lo primero que debe aprender es cómo equilibrar lo que desea con los pensamientos, o energía vibracional, que elige para atraer esos deseos.

REALINEAR SU PUNTO DE ATRACCIÓN:
EL ARTE DE LLEGAR A SER

Esta es una de mis citas favoritas de mi profesor en la India, Nisargadatta Maharaj:

> *No hay nada que hacer. Solo ser.*
> *No hagas nada. Sé.*
> *No subas montañas ni vivas en cuevas.*
> *Ni siquiera digo «sé tú mismo»*
> *Porque no te conoces.*
> *Solo sé.*

Esta idea quizá contradiga todo lo que le han enseñado y cómo ha vivido hasta este momento, pero deje que penetre en usted. Si el inventario de ideas y reglas que definen su vida ha contribuido a que sea usted uno de esos que recurren a la medicación para soportar un estrés que no existe, sin duda puede permitirse pensar un poco en ello. Cuando lleve a la práctica los principios para sintonizar con una vibración que se iguale a su deseo de una vida tranquila y apacible, será más consciente de sus pensamientos. Estos determinan literalmente quién es usted. Y el hecho de que esté leyendo este libro indica que está usted interesado en ser más consciente de sus pensamientos.

Ser y *convertirse* se usan aquí como sinónimos. Para recuperar el sentido del equilibrio entre su deseo de tranquilidad y su deseo de satisfacer las exigencias de su vida, debe practicar el *convertirse*, y *ser* la vibración que desea.

Ser paz

La paz no es algo que recibe al final cuando reduce el ritmo de su vida. La paz es lo que usted es capaz de ser y aportar a todos los encuentros y sucesos en los momentos de vigilia de su vida. La mayoría de nosotros libramos una interminable batalla mental con todos aquellos con los que nos encontramos. Estar tranquilo es una actitud interna que puede disfrutar cuando ha aprendido a silenciar su incesante diálogo interior. Estar tranquilo no depende de las características de su entorno. En contadas ocasiones tiene relación con lo que piensan las personas que le rodean, o lo que hacen. Un entorno ruidoso no es un requisito.

San Francisco lo expresa mejor que yo: «Hazme un instrumento de tu paz». En otras palabras, san Francisco no pedía a Dios que le diera paz, sino orientación para ser más como la paz que creía que procedía de Dios. *Estar tranquilo* no es lo mismo que *buscar la paz*.

Este principio no consiste simplemente en elegir pensamientos tranquilos cuando se sienta crispado y ansioso. Propongo que se imagine un recipiente dentro de sí mismo, del que fluyen todos sus pensamientos. En el interior del recipiente, en su centro, imagine la llama de una vela. Debe comprometerse a que esa llama, que se encuentra en el centro del recipiente que contiene todos sus pensamientos, nunca parpadeará, ocurra lo que ocurra ante usted, por terrible que sea. Ese es su recipiente de paz, y solo los pensamientos apacibles pueden avivar la llama de la vela. No se trata de cambiar sus pensamientos tanto como de aprender a ser una energía de paz que ilumine el camino y atraiga pensamientos y a seres apacibles y armoniosos. De ese modo, se convertirá en un ser de paz.

Evidentemente, debe llevar con usted ese recipiente interior vaya donde vaya. Cuando alguien intente presionarle de algún modo, cuando se sienta abrumado, o cuando se presenten situaciones que anteriormente le provocaban angustia o belicosidad, podrá recurrir a su llama interior de paz y procurar que siga encendida. Eso es *ser* la paz que desea para sí mismo; es ofrecer una vibración que iguale su deseo de ser un individuo tranquilo y cordial, en lugar de una persona que sufre la enfermedad de intentar acelerar la vida. Ya ha comprobado el resultado de esa locura, y además advierte síntomas de estrés en prácticamente todas las personas con las que se encuentra.

Como ser de paz, ejercerá un gran impacto sobre las personas que están cerca de usted. Resulta difícil estar muy estresado en presencia de alguien que ha optado por *ser paz*. La paz es una energía más elevada y de acción más rápida: cuando está en paz, su sola presencia hará que disminuya considerablemente la inquietud y la tensión de los que le rodean. De hecho, ese estado produce feromonas de energía mesurable que emanan de usted. Afectan a los demás, que se convierten en seres más pacíficos sin darse cuenta de la transformación que tiene lugar. El secreto de ese principio para recuperar el equilibrio de su vida es: *Sé la paz y la armonía que deseas*. No pueden obtenerlas de nada ni de nadie.

Veamos, ¿no cree estar preparado para asumir el sabio consejo de Nisargadatta y simplemente ser? Trabaje el *convertirse* en ese ser con la luz interior de una llama estable de vela. Estos son algunos ejercicios para empezar a ser y convertirse en una persona apacible:

Desee para los otros, incluso con más intensidad,
la paz que quiere para sí mismo

Reparta paz vaya donde vaya imaginando que en el recipiente de su interior solo alberga pensamientos de paz. Ofrezca esas energías siempre que pueda. Conviértase en pacificador con sus compañeros de trabajo, con sus familiares y especialmente con las personas con las que mantiene una relación basada en el amor. Deje a un lado su ego, para que no pueda extinguir la llama de su vela. Después ofrezca un nuevo pensamiento de esa luz a alguien con quien normalmente discute y no mantiene buena relación: «Tienes razón; lo pensaré». O «Gracias por darme tu opinión; me ha interesado lo que has dicho». Estas afirmaciones pueden sorprender en un principio al receptor, pero usted sabe que está practicando convertirse en un ser de paz dando lo que usted quiere.

Pida

Use las palabras de san Francisco para pedir convertirse en paz: «Hazme un instrumento de tu paz». El acto de pedir, aunque no obtenga una respuesta inmediata, alterará el equilibrio y le ayudará a convertirse en la paz que usted desea. Una vez ha pedido, verá que recibe con más facilidad de la que había supuesto. Es un proceso que consiste en dejar a un lado su ego y permitir que las energías más elevadas y más espirituales le empujen hacia su objetivo: convertirse en un ser más equilibrado.

Reduzca la marcha

Tómese su tiempo. Le insto a reproducir las citas de Ramakrishna y Bertrand Russell que figuran en el inicio de este capítulo. Péguelas donde pueda verlas constantemente y deje que formen parte de su ser. Su trabajo no es tan importante... sus tareas mundanas no son tan importantes... Convierta en su absoluta prioridad en la vida *estar en equilibrio con el Origen de la Creación*. Sea reflexivo en su tiempo desacelerado e invite a lo Divino a formar parte de su vida. Ser la paz que desea supone convertirse en una persona relajada, cuyo punto de equilibrio no atrae síntomas de ansiedad ni de estrés.

Realice esfuerzos deliberados y conscientes para reducir su ritmo relajando su mente. Dedique un poco más de tiempo a disfrutar de la vida en este planeta: sea más contemplativo al fijarse en las estrellas, en las nubes, en los ríos, en los animales, en las tormentas y en la naturaleza. Y después extienda esa misma energía amorosa desacelerada a todas las personas. Empiece con su familia, dedique unas horas más a jugar con sus hijos, a escuchar sus ideas, a leerles un cuento. Vaya a pasear con sus seres queridos y dígales lo importantes que son para usted.

Extienda esa perspectiva desacelerada exterior en el trabajo, en su comunidad e incluso con desconocidos. Haga un esfuerzo deliberado para ceder a alguien su lugar en la fila en vez de apresurarse para ser el primero. Sea consciente de sus esfuerzos por convertirse en la paz que desea y vivir en equilibrio, incluso mientras conduce. Al reducir la marcha de sus pensamientos y decidir disfrutar más de la vida, pare el coche en un semáforo en ámbar en lugar de acelerar. Conduzca, y hágalo de forma consciente, a un ritmo relajado en vez de hacerlo frenéticamente para llegar un par de minutos antes. Deje que otros se introduzcan en el tráfico siendo cortés antes que legal.

Estas son maneras de empezar el proceso de realineación. Sea consciente de su deseo de estar en paz, y después equipare sus pensamientos del momento presente a ese deseo. Se convertirá en un ser más compasivo sin pretenderlo, simplemente porque ha sintonizado su mundo interior con su deseo de estar en equilibrio. Descubrirá que su cuerpo se siente más en equilibrio mientras persigue esa magnífica búsqueda, porque experimentará menos síntomas de estrés. Su peso corporal se ajustará al nivel óptimo mientras vuelve al estado de equilibrio perfecto. Su piel reflejará el equilibrio y la paz que está adquiriendo. Su digestión volverá a la normalidad sin ayuda de píldoras. Sus pautas de sueño se regularán. Sus intestinos funcionarán perfectamente para lo que estaban destinados. En resumen, estará en un equilibrio perfecto.

Y no solo estará en equilibrio, sino que, paradójicamente, ¡será más productivo! Tendrá más abundancia fluyendo en su vida a la vez que estará en paz por primera vez desde que era niño. Siga el consejo de mi maestro Nisargadatta Maharaj: *¡Solo sé!*

Inténtelo, y le prometo que estará pacíficamente sorprendido.

3

*No puede besarse la propia oreja.
(Equilibrar cómo se ve usted a sí mismo
con lo que proyecta al mundo.)*

Es mejor ser odiado por lo que eres, que amado por lo que no eres.

ANDRÉ GIDE

No me importa lo que piensen otros de lo que hago, pero me importa mucho lo que yo pienso de lo que hago. ¡Eso es el carácter!

THEODORE ROOSEVELT

La cita de Theodore Roosevelt es convincente y está repleta de ironía. Su punto de equilibrio se encuentra a menudo en la reacción de aquellos cuyas opiniones usted respeta y en quienes confía. Esta es una opción excepcionalmente valiosa para usted. Centrar su preocupación en su evaluación personal del propio comportamiento y acciones, a expensas de lo que otros piensan, puede provocar que esté desequilibrado. No defiendo que las opiniones o críticas, ni siquiera los elogios de los demás, de ninguna manera le inmovilicen, le angustien o le adulen. Conceder demasiada importancia a lo que piensan los demás puede hacer que las alabanzas o las críticas acaben ladeando la escala hacia el desequilibrio. Lo que sigue es un ejemplo personal que ilustra lo que quiero decir.

Recuerdo vívidamente mi primer año como profesor durante el trimestre del verano de 1970 en la Wayne State University. Un pequeño grupo de estudiantes ya graduados estaba haciendo una presentación a la clase como parte de su último curso. No cesaba de oír risitas y sonoras carcajadas debido a algunas de las payasadas del grupo que hacía la presentación, y yo no tenía ni idea de qué les hacía tanta gracia. Finalmente, al darme cuenta de que cada vez más estudiantes miraban hacia mí para ver mi reacción ante la presentación, comprendí: ¡me estaban imitando! Un estudiante se había bajado el cinturón para fingir que le sobresalía un buen estómago por encima. Otros miembros del grupo hablaban con voces excesivamente fuertes y gesticulaban de forma exagerada, y no cesaban de hacer garabatos indescifrables en la pizarra.

Y ahí me tienen viéndome retratado como un bonachón, de una manera que no concordaba en absoluto con la imagen que yo tenía de mí mismo ni de la que estaba proyectando al mundo. Han transcurrido treinta y cinco años y todavía tengo grabado en la mente ese episodio. Inmediatamente después de esa experiencia, tomé la decisión consciente de deshacerme de ese estómago prominente y ponerme en buena forma física. También aprendí a las malas, tras haber sido objeto de burla, a ser un profesor menos dogmático en clase.

De hecho, podemos aprender mucho sobre cómo nos perciben los demás si asimilamos su aportación. En mi experiencia, sobre todo ayudando a criar a ocho hijos, a menudo existe un gran desequilibrio entre cómo nos vemos y cómo nos percibe el resto del mundo. Ser consciente de esa disparidad puede ser muy útil para llevar una vida más satisfactoria y equilibrada. Es evidente que no debe basar toda su existencia en complacer a los que están cerca de usted, pero un individuo equilibrado es libre de hacer elecciones para cambiar algo si está cómodo con las aportaciones que pueden no ser halagadoras.

QUÉ ASPECTO TIENE EL DESEQUILIBRIO

Tal vez la pregunta más importante en ese sentido sea: «¿Cómo quiere ser percibido en este mundo?». Quien responda que le da lo mismo vive con un antifaz en los ojos, y sin duda con un estilo de vida muy desequilibrado. ¡Por supuesto que le importa! En algunos casos, su vida entera depende de su respuesta a esa pregunta. Desea disfrutar relacionándose con los demás de una forma alegre, feliz, íntima, cariñosa, útil, consciente, atenta y considerada. La esencia de todas las relaciones humanas se caracteriza por querer dar y recibir esas emociones, y sentirse conectado a los demás.

Si también desea conciencia espiritual, entonces debe estar más en armonía con su Fuente espiritual. Esa es una Fuente de amor, bondad, alegría, belleza, tolerancia, creatividad y abundancia sin límites. Si cree que personifica todas esas cualidades, y sin embargo los demás le perciben con una luz totalmente diferente, es probable que esté viviendo una ilusión y que ese estado de desequilibrio persista en el futuro.

La respuesta a cómo quiere ser percibido en el mundo es, expresada de forma muy simple: «Quiero que me vean como una persona auténtica». Desea que su ser auténtico se funda con la imagen que está proyectando al exterior. Si no logra ese propósito, usted lo sabrá, aunque decida ignorarlo. Entonces el desequilibrio emerge en sus interacciones diarias, y se manifiesta en sensaciones de angustia, de malestar, de confusión y a menudo de incomprensión. «Mis intenciones eran buenas, ¿por qué los demás no se dan cuenta? Intento ser un buen profesional, padre, ciudadano y marido, pero parece que siempre me malinterpretan o me juzgan mal.» Eso acaba en un continuo estado de frustración e incluso de ira. Su estado emocional marcado por la ansiedad o por la tristeza dice: «Sé que soy buena persona con buenas intenciones, pero nadie parece darse cuenta».

Necesita tomar una decisión para sintonizarse en una base vigorosa que equilibre la balanza entre su yo idealizado y su yo auténtico, es decir, cómo lo percibe la mayoría de las personas que forman parte de su vida.

Recuperar el equilibrio mediante la realineación

Cuando logra el equilibrio entre lo que quiere ser y la forma en cómo le reciben los demás, tiene la sensación placentera de estar en armonía con la vida. No se trata de buscar aprobación o servilismo en vez de respeto o amor. Es más la sensación de estar en el mundo de una forma congruente con su deseo interior de ser la clase de persona que realmente es.

Para ello deberá fijarse primero si siente que le perciben de forma errónea, y después determinar si sus palabras y acciones se equiparan a la verdad de sus pensamientos internos. Finalmente, y casi de forma automática, esta revisión de alineación le dará una lectura que sintoniza lo que usted proyecta hacia el exterior con lo que quiere expresar interiormente. Echemos un vistazo a algunos de esos indicios, teniendo presente que todos los pensamientos que tiene sobre sí mismo poseen un componente vigoroso.

A continuación presentamos las cualidades más obvias que describen cómo se siente consigo mismo. Revise esos elementos, teniendo presente que su objetivo es equilibrar lo que proyecta en sus interacciones y comportamientos diarios con la verdad que está en su interior. Esta revisión de la alineación exige sinceridad con uno mismo, además de la voluntad de experimentar una sincera humildad al hacerlo.

Soy un ser humano cariñoso

Si desea y cree que esto es cierto, entonces está a dos tercios del camino de estar en equilibrio en este principio. Desea ser una persona cariñosa, y al mismo tiempo cree que lo *es*, entonces solo resta un tercer elemento: cómo le perciben los otros. Si se siente incomprendido o poco amado, antes de poder equilibrar perfectamente la balanza, debe decidir si el ser humano cariñoso que cree ser, y el que desea ser, es visto así por los demás.

Estos son algunos comportamientos que resultan contraproducentes a la hora de ser percibido como un ser humano cariñoso y que crean un desequilibrio:

- Una posición fuerte de odio hacia alguien o hacia algún grupo de personas: está desequilibrado.
- Cualquier forma de violencia, incluso las agresiones verbales: está desequilibrado.
- Está de acuerdo con la fabricación de armas diseñadas para producir explosiones megadestructivas: está desequilibrado.
- Disfruta viendo películas repletas de odio y de violencia: está desequilibrado.

- Muestra su desprecio hacia las creencias de otros e insiste en que las suyas son las correctas: está desequilibrado.

Para realinearse y crear el equilibrio que desea, analice las reacciones de personas significativas en su vida respecto de su actitud. Pregúnteles si usted les parece el ser humano cariñoso que cree ser. Empiece entonces el proceso de supervisar sus pensamientos para ver si se ajustan a su autorretrato. Y, finalmente, deje que sus pensamientos de amor se conviertan en la fuerza impulsora de todos aquellos comportamientos que carecen de ternura. Esto es alineación auténtica.

Empiece por mirar el mundo como un amplio espejo que le refleja exactamente como es. Si de verdad es usted un ser humano cariñoso, el mundo le parecerá un lugar amable, y así será cómo le percibirán los demás. Habrá recuperado el equilibrio, y en consecuencia no habrá discrepancia entre cómo se ve usted y el reflejo que le devuelve el mundo. Si el mundo sigue pareciéndole un lugar inhóspito y desagradable, le insto a seguir examinando la clase de energía que está proyectando al exterior.

Soy un ser humano amable

No puede ser amable conmigo y desagradable con el camarero... y estar en equilibrio. Cuando insiste en proyectar arrogancia hacia otras personas, aunque crea que sus acciones están justificadas, así es cómo le perciben y le definen. Debe saber que su imagen no es la de una persona equilibrada y amable.

Sin duda puede poner en práctica la amabilidad en cómo trata a sus hijos y a su abuela, e incluso a todos los niños y a todas las abuelas del mundo. Pero si toca el claxon con el rostro enrojecido de furia a una abuela que conduce despacio al llevar a sus nietos a la escuela, está muy pero que muy desequilibrado. La discrepancia entre su yo idealizado y cómo le perciben los otros es enorme, y creará una auténtica sensación de desequilibrio en su interior, que puede manifestarse en un trastorno de personalidad. Sabe que no está viviendo de acuerdo con lo que afirma sobre sí mismo, y ciertas personas se lo señalan cada vez con más frecuencia.

Usted es el único responsable de la decisión de generar un igual vibracional a su deseo de ser visto como un ser humano amable, y es posible que perciba que no se siente en sintonía con ese deseo: puede anular un pensamiento desagradable antes de finalizarlo y decidir en un instante ser armonioso. Puede detenerse en el momento en que está maldiciendo a alguien y elevar sus pensamientos hacia la amabilidad. Si desea ser una buena persona, entonces dedique tiempo cada día a alinear sus pensamientos con su deseo. El Universo cooperará dándole más y más de esa bondad.

Soy un ser humano alegre y feliz

En este apartado, debe prestar atención a sus sentimientos. De hecho, exigen toda su atención. ¿Se siente bien la mayor parte del tiempo o es de esas personas que no pierden la ocasión de sentirse ofendidas? ¿Se siente feliz y satisfecho, o se ultraja con facilidad por la mala conducta de los demás? ¿Su alegría se convierte de pronto en desesperación cuando lee el periódico o escucha las noticias? ¿Las personas de su entorno creen de verdad que es usted una persona satisfecha con su vida diaria? ¿Escucha a menudo comentarios de los demás como «anímate» o «relájate» y «no te agobies tanto»? Estas son claves que indican el equilibrio o desequilibrio entre cómo se ve a sí mismo y lo que proyecta en los demás. La revisión de alineación para este principio supone ser consciente de sus sentimientos y de su capacidad para sostenerlos, y de la reacción de las personas en las que confía.

Es una persona alegre si vive desde la alegría, si difunde alegría siempre que puede y si los que están cerca se alegran con su presencia. Estas son algunas sugerencias para recuperar el equilibrio en este principio:

- Comprométase a buscar la alegría en todas partes.
- Ofrezca comentarios alegres siempre que sea posible.
- Apúntese a la alegría de los demás, aunque al principio tenga que fingirlo.
- Aumente su nivel de aprobación, en lugar de discutir los males del mundo.
- Aproveche cualquier oportunidad para irradiar alegría.

Si logra que la alegría sea una forma habitual de responder al mundo, recuperará el equilibrio de la balanza de cómo se ve y de cómo perciben los demás su actitud de agradecimiento hacia la vida. Si proyecta una energía que pone en peligro los sentimientos de otros, si hace que se sientan incómodos y ello provoca que no deseen estar con usted, significa que está desequilibrado. Si no tiene claro el efecto que ejerce sobre los otros, busque a aquellos que están dispuestos a ser sinceros con usted, y descubra si la percepción que tiene de sí mismo se equipara a lo que ellos opinan.

Soy un ser humano tolerante

Si realmente es tolerante, nunca establecerá clasificaciones o generalizaciones con las personas como: viejos, sin educación, quinceañeros, conservadores, liberales, y así sucesivamente. Un estereotipo es un juicio; no se puede ser tolerante y crítico a la vez con los diferentes comportamientos de las personas: cómo hablan, comen, visten, se relacionan, bailan, o con cualquier otra actividad. Si cree que es tolerante pero reconoce que tiene tendencia a generalizar y a juzgar, ¡es que está desequilibrado! Necesita una realineación para que sus pensamientos actuales, y en última instancia sus comportamientos, se conviertan en una equiparación vibracional con su autorretrato interior.

Tome la decisión consciente de observar lo que es bueno y agradable para los otros. Cree un nuevo hábito de hacer cumplidos a los que están cerca. Olvídese de los estereotipos, y niéguese a participar en conversaciones que se centren en juzgar a alguien. Convierta los juicios en halagos para compensar el desequilibrio entre cómo quiere ser y cómo se presenta realmente al mundo.

Si desea ser una persona tolerante y relacionarse con otros a ese nivel, sugiero que cambie a un estado de respeto y virginal para apreciar la belleza que está en todas las personas y en todas las cosas. Olvide su forma habitual de percibir lo que *no* le gusta, y mire con ganas y decisión lo que le resulta agradable. Después verbalice lo que ha descubierto como una forma de reforzar ese nuevo hábito de aceptar incondicionalmente.

Aunque sus juicios no sean más que pensamientos, le insto a cambiar esos pensamientos tan pronto los reconozca. Si ve a una persona obesa y piensa: «Qué asco», se está alineando con un punto de atracción que atrae el desagrado. Reequilibre esa energía enviando una silenciosa bendición a esa persona. En el lado tolerante de la balanza equilibrada, piense en todo el amor y apoyo que esa persona necesita. Le garantizo que percibirá la diferencia en su interior y que al mismo tiempo se sentirá, debido a su bondad, conectado con ese individuo. La energía de la tolerancia está totalmente equilibrada, en contraste con la energía del desprecio, de la lástima, o de algunas otras opiniones negativas.

Sea consciente de todos sus comportamientos y sentimientos. Después intente determinar si se ajustan a su visión de sí mismo, y si esa imagen es la que perciben los demás. Inmediatamente se sentirá en discordancia cuando descubra el desequilibrio, y es entonces cuando decidirá cambiar los hábitos para estar a la altura de sus deseos y recuperar el equilibrio de su vida.

D. H. Lawrence observó en una ocasión: «Lo que desea intuitivamente es posible». No podría estar más de acuerdo. Sin embargo, debe preguntarse repetidamente: «¿Mi deseo intuitivo se ajusta a lo que doy al mundo?». Cuando se ajuste, el equilibrio está recuperado, y la satisfacción será su compensación.

4

*Su adicción le dice: «Nunca tendrá bastante
de lo que no quiere».
(Equilibrar su deseo de lo que quiere con
su comportamiento adictivo.)*

Todo lo aterrador, en su forma más profunda,
es algo indefenso que necesita nuestra ayuda.

RAINIER MARIA RILKE

Que siete veces cae el justo, pero se levanta.

Proverbios 24:16

Si tuviera que puntuar los nueve hábitos planteados en este libro, este se llevaría el premio por ser el más increíble: «Malgastar nuestra preciosa energía vital persiguiendo algo que no queremos, y ¡no tener nunca suficiente de lo que perseguimos sin descanso!». Por suerte, este es un desequilibrio relativamente fácil de corregir, a pesar de lo que nos hayan dicho sobre las dificultades que supone vencer las adicciones. El concepto de *combatir* y *vencer* una adicción ya es un mal planteamiento de la cuestión; creo que debemos empezar por eliminar esas palabras de nuestro vocabulario. Martin Luther King, Jr., observó una vez que la única forma de convertir a un enemigo en un amigo es mediante el amor, no el odio o el combate.

¡No hay nada que vencer ni combatir!

Pensemos en los resultados que hemos obtenido cuando hemos luchado contra algo con el fin de vencerlo. Por ejemplo, desde que se decidió combatir la pobreza hay más miseria que nunca en el mundo. Nuestra guerra contra las drogas solo ha servido para triplicar la población encarcelada y hacer llegar sustancias ilegales a menores de edad. (Ya en el instituto, es raro encontrar a un chico que no sepa cómo conseguir toda clase de drogas.) Nuestra guerra contra el crimen ha comportado más criminales, más miedo, más vigilancia, más desconfianza y más abusos por parte de las fuerzas del orden. Nuestra guerra contra el terror nos ha convertido en personas que se comportan con los que etiquetamos de *terroristas* de una manera que se asemeja al terrorismo que supuestamente deseamos eliminar. Cuando se declaró oficialmente la guerra en Irak, Estados Unidos inspiró aún más odio, y la cantidad de personas dispuestas a convertirse en bombas suicidas se multiplicó de forma espectacular. Y nuestra guerra contra el cáncer, la obesidad y el hambre tampoco ha conseguido eliminar esas lacras.

Este es el razonamiento que apoya lo que acabo de afirmar: en este Universo vivimos en un sistema de energía que funciona según la Ley de la Atracción. Es decir, nos convertimos en lo que pensamos durante el día. Si pensamos en lo que odiamos, esa es una energía que estamos ofreciendo a nuestros deseos. En ese sistema, por lo tanto, atraeremos más de lo que pensamos. En consecuencia, atraeremos más de lo que odiamos. Actuamos según nuestros pensamientos: nuestros pensamientos de odio, violencia, lucha y guerra generan acciones de odio, violencia, lucha y guerra. Y ese es el resultado; vemos los frutos de ese pensamiento manifestados, incluso si nuestras intenciones están alineadas positivamente con la energía de Dios. Obtenemos lo que pensamos, tanto si queremos como si no.

Los pensamientos que se traducen en lucha y guerra casi siempre garantizan que la respuesta sea una contrafuerza, es decir, los demás responderán en sintonía con nuestro deseo de luchar y de vencer. Esa clase de fuerza/contrafuerza puede perdurar durante siglos, y las generaciones venideras estarán programadas para proseguir esa lucha.

Este principio que parte de la idea de que la lucha nos debilita y genera más desequilibrio en nuestra vida se aplica también a nuestra experiencia con las adicciones. Podemos librarnos de la adicción con relativa rapidez si decidimos eliminar la lucha y conquista de nuestros esfuerzos. Los pensamientos y la energía que sustituyen la lucha deben adoptar la forma de pensamientos no belicosos. Como dijo Emerson de forma sucinta: «El remedio de todos los errores, la cura de la ceguera, la cura del crimen, es el amor...». Y las adicciones constituyen un enorme error, se lo aseguro; yo que he pasado una buena parte de mi vida inmerso en esa locura.

SUPERAR EL PENSAMIENTO LLENO DE ERRORES

Para los que no conozcan a mi amigo Ram Dass, a finales de los sesenta ayudó a conformar el despertar de la conciencia de toda una generación con su *best seller Be Here Now*.

Una de mis historias favoritas de Ram Dass es la que cuenta uno de sus primeros encuentros con Neem Karoli Baba, su gurú en la India. Ram Dass se había llevado a la India unas píldoras creadas para alterar de forma espectacular el estado de la conciencia. Neem Karoli Baba se interesó por esas pastillas y pidió a mi amigo que se las diera. Ram Dass creía que llevaba suficientes suministros de esa potente sustancia psicodélica para mucho tiempo, pero vio horrorizado y asombrado cómo ese ser iluminado se las tragaba todas delante de él, sin ninguna reacción visible. Entonces el gurú le preguntó si tenía más, porque era evidente que aquellas no habían funcionado. Tras contar esa anécdota, Ram Dass concluía con una de sus observaciones más sagaces: «Si ya estás en Detroit —observó—, no necesitas coger un autobús para ir allí».

Todas las adicciones son vehículos que utiliza la gente para llegar a un lugar más elevado, más placentero, más pacífico, más armónico, más emocionante, etc. Pero si ya está alineado con esa energía, es innecesario subirse a ningún vehículo que se dirija al lugar donde ya reside.

He jugado con las adicciones y el comportamiento adictivo gran parte de mi vida. De hecho, diría que esas distintas adicciones han sido algunos de mis mejores maestros, porque me han permitido ver que existe un nivel de conciencia superior, y una vez alcanzado, uno se siente maravillosamente bien. Pero también soy consciente de que usar sustancias nocivas para experimentar esa realidad separada es sin duda una forma engañosa de hacerlo.

La pauta funciona más o menos así: queremos tener más y más de aquello que deseamos. Cuanto más tomamos o nos empapamos de ello, más necesitamos. Y menos efectivo resulta cuanto más consumimos. Además de ese enorme desequilibrio, ¡lo que estamos utilizando para llegar a ese lugar bienaventurado es tóxico para nuestro bienestar! La adicción aumenta nuestro desequilibrio. Nuestro deseo es de felicidad, paz, amor, salud, libertad, etc., pero el comportamiento adictivo nos aporta precisamente lo contrario. Si no se erradica, creará un caos en nuestro cuerpo y nuestra mente, y finalmente nos destruirá.

Estoy básicamente libre de adicciones, y quiero que sepan que si lo he logrado no ha sido combatiendo mi naturaleza adictiva. De hecho, cuanto más intentaba superar las adicciones en distintas etapas de mi vida a cosas como el azúcar, los refrescos, la cafeína, la nicotina, el alcohol y ciertas drogas, más se apoderaban de mí. *Fuerza/contrafuerza*: yo sacaba mis armas, y con ellas toda mi artillería, con mi cuerpo como campo de batalla donde se libraba la guerra. No hacía más que abrir el camino a una adicción más profunda. Antes he citado a Ralph Waldo Emerson, quien dijo: «El remedio a todos los errores... es el amor». ¿En qué cambiarían las cosas si siguiéramos ese consejo? Las dos palabras clave son *error* y *amor*. Examinémoslo más de cerca.

Error

¿Por qué llamar error a una adicción? Exigir más y más de algo que su cuerpo y su mente desprecian vehementemente es adicción. Elegir el mundo sesgado de la adicción sobre el equilibrio, es decir, sobre su herencia espiritual, es una gran distorsión de la herencia que recibió al nacer. Cuando lo hace, está gobernando mal su vida. Estoy convencido de que es un error que puede equilibrarse con amor.

Usted se ha originado a partir de un campo de energía espiritual e invisible de bienestar puro. Su deseo es estar equilibrado en ese espíritu en sus pensamientos y comportamientos: ahora, en esta vida, en este momento, en su forma corporal. Desea esa armonía, y siente que puede lograrlo sin tener que dejar su cuerpo, o dicho de otro modo, sin necesidad de morir. Por lo tanto, ateniéndonos a esa interpretación, busca un equilibrio que le permite morir mientras sigue vivo.

Regresará al espíritu, a la no forma, mediante la muerte, pero puede elegir vivir con un equilibrio auténticamente iluminado, o aceptación de Dios... ahora, en este estado físico. Su Fuente no se origina en la toxicidad. No le llena las venas, el estómago ni ninguna parte con veneno o residuos. Se crea del bienestar, del equilibrio y de la perfección, y lo hace sin esfuerzo. Esa es su herencia espiritual. Y el amor puede corregir los errores que le distancian de su yo espiritual.

Amor

¿Por qué el amor es el antídoto de las adicciones? Por una razón muy simple: porque usted es amor; es el centro de su creación. Es su punto de origen y puede convertirse también en su punto de atracción. Como dijo Karl Menninger a sus pacientes, y a cualquiera que sufriera y estuviera dispuesto a escucharle: «El amor cura; los que reciben amor y los que lo dan, también». Al trascender sus hábitos adictivos, tiene la oportunidad de ser tanto el donante como el receptor del bálsamo espiritual del amor. Al aplicarlo, siente que el equilibrio regresa a su vida. Ya no persigue una libertad falsa, y ya no atraerá lo que quiere. En cambio, busca el equilibrio que supone estar conectado a su auténtica naturaleza.

Nuestra tendencia a los comportamientos adictivos disminuye considerablemente en cuanto practicamos la reconexión con el Origen de nuestro ser. Se han escrito muchos libros sobre cómo superar las adicciones. Existen un sinfín de programas y de centros de rehabilitación para ayudar a los que están atrapados en las garras de las drogas, del alcohol, de la comida, de la cafeína, del sexo, del juego, o de cualquier cosa que encaje en la descripción de perseguir algo que no se desea.

Apoyo cualquier programa pensado para ayudar a las personas a huir de ese ciclo desequilibrado que destruye muchas vidas. Mi contribución, en este libro, es una breve descripción de los puntos clave que me han resultado extremadamente útiles para ser una persona libre de adicciones. Las siguientes cinco ideas me ayudaron a interrumpir mi pensamiento y mi comportamiento desequilibrados. Practicado con honestidad e integridad, puede contribuir a una nueva sensación de capacitación y bienestar que permite liberarse de las adicciones no deseadas.

1. Todo se basa en la realineación

Es el primero porque cuando lo practica seriamente ya no desea perseguir lo que no quiere a expensas de lo que quiere. Anhela vivir en armonía y desea bienestar. Viene del bienestar, de modo que solo necesita elegir pensamientos que sintonicen con sus cimientos para encontrar la forma de volver a estar alineado.

Rece a menudo y en silencio allí donde se encuentre y siempre que pueda. Personalice y varíe las plegarias como este ejemplo derivado de la Plegaria de san Francisco: «Hazme un instrumento de tu bienestar». Véase siempre convocando la energía del bienestar de su Fuente espiritual. Piense como un animal que nunca perseguiría lo que no quiere. ¿Por qué los pájaros no cazan mariposas? Porque son venenosas. ¿Ha oído hablar alguna vez de un petirrojo que siga una terapia para superar su deseo de comer mariposas? Es un ejemplo absurdo, pero es una imagen útil para recordar.

Por consiguiente, piense como un ser humano que disfruta de un bienestar. Y acabará pensando como el alma divina que es, y estará en armonía vibracional con el bienestar, que es su auténtica naturaleza.

2. Ame sus adicciones

Si es comida, ámela. Si es cocaína, ámela. Si son analgésicos, ámelos. Si son cigarrillos, ámelos. Esos son algunos de sus mejores maestros. Le han enseñado mediante una experiencia directa lo que ya no desea ser. Le han arrastrado a las profundidades por alguna razón. Es un sistema inteligente del que forma parte. No hay accidentes en un Universo basado en la omnisciencia y la omnipotencia. Esté agradecido a esos maestros. Si los odia, los maldice, e intenta luchar contra esas adicciones, inclina la balanza hacia el odio y el combate. Entonces seguirá persiguiendo lo que no desea porque se encuentra en un estado debilitado. Luchar debilita; amar capacita.

Por lo tanto, incline la balanza hacia el amor. Esté agradecido por las adicciones que tanto le han enseñado. Mándeles una bendición silenciosa. Al hacerlo, se convertirá en el amor que usted es.

3. Ámese

Esta es la consecuencia natural de decidir amar sus adicciones. Piense en su cuerpo como en un templo sagrado, y extienda ese respeto como una forma de amor. Sea consciente, y esté agradecido por todos los órganos, todas las gotas de sangre, todos los apéndices, y todas las células que constituyen su cuerpo. Empiece en este mismo minuto a ofrecer una plegaria silenciosa de gratitud por su hígado, su corazón y su cerebro. Diga simplemente: «Gracias, Dios, por este glorioso regalo. Lo valoro y, con su ayuda, hoy empezaré el proceso de amarlo incondicionalmente». Si todavía se siente atraído por sustancias que desprecia, recite la silenciosa plegaria antes de ingerirlas. El amor será al final el peso añadido que reequilibra su vida.

Uno de mis poetas estadounidenses preferidos, Henry W. Longfellow, nos dice: «El que se respeta a sí mismo está a salvo de los demás; lleva una cota de malla que no puede perforarse». Cuando nos respetamos y nos amamos de verdad, es como si tuviéramos una armadura flexible, que actúa de escudo, hecha de anillas de metal y eslabones que nos protegen del *otro* adictivo que ha sido parte de nuestra vida.

4. Elimine la vergüenza

No ha hecho nada malo. No ha fracasado, solo ha producido resultados. No se trata del mal comportamiento que haya tenido, sino de lo que hará con los resultados que ha producido. Si opta por la vergüenza y la culpa, está eligiendo la única reacción emocional que le descapacita más a usted que a ningún otro. Sea cual sea su actual situación respecto de las adicciones, todo está bien. Ha sufrido traumas. Decepcionó a aquellas personas que trató mal. Tuvo que llegar a esos extremos. Necesitaba esa energía desequilibrada que le ayudará en la generación de otra energía que le conducirá a un lugar más elevado a donde se dirige en estos momentos.

Sigue siendo un ser divino a los ojos de Dios, a pesar de las debilidades que usted siente no son merecedoras del amor del Todopoderoso. Necesitaba todas esas experiencias. Y ahora que está pensando en dejarlo atrás y recuperar su Fuente espiritual de bienestar, olvídese de la vergüenza; no será más que un estorbo y le enviará de vuelta a ese mundo absurdamente desequilibrado, donde nunca tiene suficiente de lo que no quiere.

5. Viva con un nuevo conocimiento

Finalmente, cree un espacio en su interior, un lugar privado al que solo accedan usted y Dios. En ese espacio interior, pegue las palabras *«Lo sé»*. Esa es su conexión invisible con Dios, donde la pureza y el bienestar definen su nuevo yo libre de adicciones. Aunque muchas personas desconfíen de usted y le recuerden cuántas veces en el pasado ha sido incapaz de mantener sus promesas, ese es su espacio de conocimiento.

Desde ese espacio infranqueable, pida orientación a Dios. Pídale que la energía extática de pureza y bienestar fluya directamente a su corazón. Si sufre un resbalón, retírese inmediatamente a ese espacio de conocimiento. Perdónese y véase rodeado del amor de Dios, manteniéndose de nuevo en equilibrio. Yo he vivido esa experiencia, y puedo prometerle que se le proveerá toda la guía, dirección y fortaleza que necesita, y obtendrá lo que quiere en lugar de lo que no quiere.

Superar el desequilibrio del pensamiento adictivo empieza y finaliza con la conciencia de que, con la ayuda de su Fuente, tiene todo lo que necesita en ese mismo momento para poner fin a su desequilibrio. Como nos recuerda un antiguo dicho hindú «Dios da comida a todos los pájaros, pero no se la pone en el nido». Realinéese con Dios y vuele sin el peso de la adicción. ¡Le prometo que estar en equilibrio y libre de adicción es mucho más emocionante!

5

No es lo que come; es lo que cree *sobre lo que come. (Equilibrar su deseo de sentirse bien con su cuerpo con lo que le da para comer y cómo lo ejercita.)*

Si creemos apasionadamente en algo que todavía no existe, lo creamos. Lo no existente es todo lo que no hemos deseado suficientemente.

NIKOS KAZANTZAKIS

No abandone su cuerpo. Esta es la casa de Dios; cuídela; solo en este cuerpo puede experimentarse a Dios.

NISARGADATTA MAHARAJ

Sus creencias reflejan la salud actual de su cuerpo, tanto como su dieta y su régimen de ejercicios. Si desea un cuerpo sano pero su comportamiento resulta poco saludable, es evidente que estará desequilibrado. Pero aún más reveladores son los pensamientos y las creencias que tiene sobre su salud.

Evidentemente, al igual que todo el mundo, quiere gozar de perfecta salud. Pongamos ese deseo idealista en el último escalón de una escalera imaginaria de diez peldaños. Allí, en el vértice de sus deseos referentes a la salud, está su anhelo por un cuerpo que sea sano y con el que se sienta bien. Veamos, visualice esa escalera de diez peldaños teniendo presentes estas dos preguntas:

1. ¿En qué peldaño de la escalera están sus *comportamientos* en relación con su deseo de diez peldaños?
2. ¿En qué peldaño de la escalera están sus *creencias sobre sus comportamientos* en relación con su deseo de diez peldaños?

He realizado el cálculo con alguien que tenga sobrepeso, y que esté tan poco en forma que subir unos tramos de escaleras le deje sin aliento. Esa persona está contribuyendo con energías de segundo peldaño a unos deseos de diez peldaños. En otras palabras, están muy desequilibrados. Lo mismo puede aplicarse a las personas que padecen muchas enfermedades físicas atribuibles al estilo de vida, como úlceras, hipertensión, indigestión, palpitaciones cardíacas, etc.

Crear un equilibrio en el que pueda decir sinceramente que su cuerpo está disfrutando de un nivel óptimo de salud y que está agradecido de vivir en la gloriosa Casa de Dios significa tomar nuevas decisiones sobre las dos cuestiones que he planteado. Le sorprenderá saber que no estoy sugiriendo un cambio radical de dieta o que realice un programa de ejercicios diseñado para un atleta o un corredor de maratón (aunque no por ello son descartables). No, estoy proponiendo una realineación radical de la energía de las creencias que tiene sobre el deseo de los diez peldaños.

Si tiene sobrepeso, no está en forma y sufre innecesariamente de enfermedades físicas que están relacionadas con el estilo de vida, esa idea radical que le he expuesto puede exigir mucha determinación por su parte para superar su incredulidad. Empiece ahora mismo a releer el título de este capítulo. ¿Le resulta extraño pensar que su dieta o la falta de ejercicio no sean los responsables de su estado de salud? Quizá tiene que ver con lo que usted *cree*.

La segunda cita que aparece al principio de este capítulo es del autor de *Zorba el griego*. Zorba es uno de los personajes de ficción más apasionados que se han creado jamás, alojado en un cuerpo que no era precisamente el sueño de ningún atleta. Nikos Kazantzakis nos anima a creer apasionadamente, porque a partir de esa creencia se manifestará el deseo. El deseo de los diez peldaños de disfrutar de la vida en un cuerpo sano se manifestará cuando lo desee lo suficiente. Y así es precisamente cómo puede corregir el desequilibrio que tiene un extremo ladeado hacia el suelo con comportamientos y creencias que son diametralmente opuestos a lo que desea.

REEQUILIBRAR SU SALUD REEQUILIBRANDO SUS CREENCIAS

Deepak Chopra, mi amigo y colega desde hace muchos años, observó en una ocasión: «Su cerebro produce una sustancia química que transmite su felicidad a cincuenta y dos millones de sus células corporales, que se regocijan y participan». Imagínese a sí mismo como si estuviera a punto de disfrutar de un helado de frutas o de un pedazo de pastel de cumpleaños. ¿Es feliz, o siente culpabilidad y aprensión antes de tomar el primer bocado? ¿De qué creencias se ha imbuido que impiden a su cerebro producir y transmitir buenas noticias al resto de su cuerpo, incluso las que están a punto de convertirse en células grasas de infelicidad en lugar de células sanas de felicidad?

Por muy difícil que resulte aceptarlo, es más importante que cambie y examine sus creencias sobre lo que ingiere y cómo vive que las actividades en sí de comer y hacer ejercicio. La conexión mente-cuerpo se ha determinado claramente en las investigaciones médicas y científicas. Sus creencias son pensamientos, y sus pensamientos son energía. Si se ha convencido de que lo que está a punto de hacer tendrá un efecto nocivo en su cuerpo, está haciendo precisamente lo que Kazantzakis propone: cree apasionadamente en algo que todavía no existe. Es decir, el perjuicio que aporta a su cuerpo con lo que está a punto de hacer no es más que un pensamiento; no se trata de una realidad física. Sin embargo, si se aferra a ese pensamiento, facilita el proceso de convertirlo en una realidad física.

Suponga ahora que decide creer apasionadamente en algo que todavía no existe, y ese algo es *usted* con un cuerpo perfectamente sano, compuesto enteramente del bienestar que lo caracterizaba cuando se materializó en un alma física. Además, incluye la creencia de que su cuerpo es capaz de convertir cualquier combustible que reciba en células sanas y felices: una idea radical, quizá, porque la mayoría cree más bien todo lo contrario. De todos modos, créalo apasionadamente, aunque esa realidad todavía no exista.

Al adoptar la idea de que su cerebro y su cuerpo son capaces de convertir cualquier combustible en células sanas y felices, se inicia el proceso de mirar alrededor en busca de pruebas que apoyen su creencia, más que apegarse a sistemas de creencia contrarios, que no producen salud. «Sí —dirá usted—, hay muchas personas que consiguen lo que quieren, cuando quieren, y que no prestan atención a las dietas, que no se obsesionan con el peso cada día, y no solo mantienen un peso normal, sino que son felices. Voy a pensar como ellas un tiempo a ver si funciona.»

Cuando se compromete con esa nueva idea radical, ¿adivine qué ocurre? Que empieza a cambiar sus hábitos alimenticios. ¿Por qué? Porque comer alimentos sanos en pequeñas porciones hace que se sienta bien, y sentirse bien es de lo que trata el deseo de los diez peldaños.

Pero tiene que empezar con un pensamiento que le haga sentirse bien, y es el siguiente: «Todo lo que como está bien. Instruiré a la química de mi cuerpo y mi cerebro para que conviertan todo lo que como en salud». Tiene todo un nuevo ciclo de pensamiento que examinar, y esa nueva forma de pensar apasionadamente sobre algo que todavía no existe se aplica también a estar físicamente en forma.

Dar forma al pensamiento desequilibrado

¿Cuáles son sus creencias sobre los esfuerzos a realizar para estar en forma y físicamente sano? ¿Es necesario que una persona sufra cada día y tenga que llevar a cabo una rigurosa rutina de ejercicios para estar en buena forma física? Esas son creencias muy extendidas de las que debe dudar si lo que busca es una vida más equilibrada. Usted desea un cuerpo que parezca estupendo, y que usted lo sienta así: ese es el deseo de los diez peldaños.

¿Qué clase de pensamientos tiene para alcanzar ese deseo? Demasiado a menudo sus pensamientos son los que sigue: «No soy una persona activa. Por mucho ejercicio que haga, no consigo perder peso ni ponerme en forma. No soporto correr ni sudar. No estoy destinado a ser una persona atlética». Esas creencias, y otras muchas similares, le mantienen en los peldaños más bajos de esa escalera. Además, contribuyen enormemente a la crisis de obesidad y a la existencia de muchas enfermedades relacionadas con el estilo de vida que se origina con este tipo de pensamiento colectivo.

Cuando cambia sus pensamientos, y lo que cree sobre lo que es posible para usted, lo cambia todo, incluso su fisiología. Debe creer fervientemente que usted es un espécimen de salud perfecta, creando así una imagen de sí mismo en la que se vea y se sienta de maravilla. ¡Si lleva consigo esa imagen a donde quiera que vaya y cree apasionadamente en su realidad logrará un cambio total!

Ahora el diálogo interior sonará más o menos así: «Me dirijo hacia la salud perfecta. No siento vergüenza ni culpa de mí mismo ni por mi comportamiento. Si quiero ser un calientasofás, seré un calientasofás sano, delgado y guapo. Me gusta mi cuerpo. Voy a cuidarlo bien porque aloja el ser sagrado que soy yo». Cuando inicie el nuevo ritual de cambiar la forma en cómo mira su cuerpo, este cambiará.

Ha estado inmerso en una sociedad que le dice cómo debe sentirse con su cuerpo, una sociedad basada en empresas comerciales que desean obtener provecho de su insatisfacción personal. Lo que le dicen es que si no es como una supermodelo, debe sentir remordimientos. Así empiezan los trastornos alimenticios, la obesidad y las constituciones físicas débiles. Si se traga ese lavado de cerebro colectivo, se colocará en un punto de gran desequilibrio entre su deseo de tener un cuerpo sano que le haga sentirse bien, y los decepcionantes comportamientos diarios que le conducen a una mala salud y a sentirse agotado y en baja forma.

Recuerde que se convierte en lo que piensa. ¿Por qué pensar en sí mismo de manera que le haga tener una salud menos que perfecta? ¿Qué sentido tiene mirarse el cuerpo en su actual estado de deterioro y aferrarse a una serie de creencias que garantizan que las cosas se pondrán peor?

Esa es una nueva opción radical para usted. Crea apasionadamente en lo que todavía no existe, y recuerde la observación de Kazantzakis de que «lo que no existe es lo que no hemos deseado suficientemente». Puede adoptar un sistema de creencias que esté tan equilibrado que nadie, ni ninguna presión social, pueda debilitar o dejar el amor por sí mismo y el respeto por el templo sagrado que es su cuerpo. Entonces puede experimentar lo que se siente creyendo apasionadamente en algo que todavía no existe. Ese nuevo sistema de creencias será el punto de equilibrio que le permitirá disfrutar de una relación amable, cariñosa y saludable con su cuerpo, y cambiar cualquier comportamiento de autosabotaje.

Actuar según su nueva y apasionada creencia
en algo que no existe... ¡todavía!

A medida que cambian sus creencias, su comportamiento se transforma. Cuando puede verse a sí mismo como una creación divina que emanó de una Fuente de amor puro e incondicional, con una ausencia total de vergüenza y repudiación de uno mismo, su cuerpo no tiene más remedio que disfrutar del viaje. Decida lo que decida comer, si sus pensamientos son: «Es mi intención que esta comida se convierta en energía que haga mi cuerpo más vigoroso y fuerte», su cuerpo empezará a responder en consonancia. En cuanto elimine las viejas creencias que fomentaban la ansiedad, la culpabilidad, la preocupación e incluso el temor, su cerebro empezará a producir sustancias químicas que le devolverán el equilibrio por lo que se sentirá bien y creará un cuerpo sano.

Sí, digo que para reprogramar su pensamiento de modo que sintonice con su deseo de ser y sentirse sano puede cambiar los comportamientos poco saludables que le provocaban mala salud y desequilibrio. Esa es una función de la ley. Así lo expresó William James, el padre de la psicología moderna:

> Existe una ley en psicología que dice que si usted se forma una imagen mental de lo que le gustaría ser, y la mantiene y retiene esa imagen el tiempo suficiente, pronto será exactamente como deseó ser.

Así de asombroso es el poder de nuestros pensamientos. Pero también digo algo que va más allá de la idea de su cuerpo actuando automáticamente en respuesta a su pensamiento reprogramado. Cuando empiece a equilibrar expectativas estereotipadas para su cuerpo que no están en armonía con su deseo de estar sano y sentirse bien, notará otra reacción automática: sus comportamientos empezarán a buscar espontáneamente el equilibrio con la expresión de sus deseos.

Puede suceder de forma gradual, pero ahí está: se ve a sí mismo viviendo sin miedo o abiertamente concentrado en su apariencia. Esa maravillosa conciencia de aceptación de uno mismo combina con un fuerte deseo de tratar su cuerpo con respeto. Sus hábitos alimenticios cambian sin que haya una decisión consciente de cambiar nada. Deja de contar calorías y simplemente disfruta con lo que come; sabe que puede confiar en la inherente sabiduría espiritual que está programada en su ADN, en su conexión con la Fuente que creó al bebé que un día usted fue.

Ha descubierto una forma mejor de equilibrar y disfrutar de su vida confiando en sus pensamientos para atraer la salud que desea. Puede relajarse y disfrutar de su viaje. Dejando conscientemente que el Espíritu intervenga mediante la energía de sus pensamientos, ha decantado la balanza en favor de sus deseos. Su ego, que se identifica con su cuerpo, ha sido relegado a un papel menos dominante. El espíritu no tiene un exceso de grasa, no padece indigestión, punzadas de hambre o la costumbre de comer demasiado, y ahí es donde ahora ha decidido usted situarse.

Está eligiendo pensamientos que están en armonía con su Espíritu original, y al hacerlo no hay espacio para comportamientos poco saludables. Está en paz con sus pensamientos, y cree que todo lo que hace puede convertirse en una reacción sana, por lo que adoptará la misma respuesta nueva y automática en su forma de abordar el ejercicio y el bienestar físico. Su proceso de imagen interna recién equilibrada confirma la declaración de William James.

«Soy un ser humano divinamente sano y en forma.» ¡Piénselo! ¡Créalo! Aunque se siga viendo como una persona con sobrepeso y en baja forma, dígalo igualmente. Está iniciando el proceso de creer apasionadamente en algo que todavía no existe. Afirmándolo y convirtiéndolo en su realidad interior, activará una nueva respuesta automática que se hace eco de su deseo. Lo que sucederá después es que saldrá a dar un paseo. Luego, tal vez, participará en algo que no formaba parte del equilibrio de su vida hasta ese momento: quizá una carrera, una clase de yoga, o se apuntará a un gimnasio. Todo eso sucederá sin esfuerzo alguno, porque usted actuará de acuerdo con sus pensamientos.

El desequilibrio entre su deseo de un cuerpo sano que le haga sentirse estupendamente y unos persistentes hábitos poco saludables no se remedia simplemente cambiando esos hábitos. Debe tener la firme determinación de aprender el arte de la creencia apasionada en algo que todavía no existe, y negarse a dejar que la imagen se distorsione, por su culpa o por la de los demás. En realidad usted no es lo que come o el ejercicio que realiza, sino lo que cree del yo que en este momento se está originando a partir de sus pensamientos.

No deje de recordárselo: *«obtengo lo que pienso, tanto si lo quiero como si no»*.

6

*No puede descubrir luz analizando la oscuridad.
(Equilibrar su deseo de prosperidad
y sus hábitos de escasez.)*

Todos los hombres son libres de llegar todo lo lejos que puedan o estén dispuestos a llegar, pero solo el grado con el que piensan es lo que determina el grado que alcanzarán.

Ayn Rand

Dios dispone que lo tengamos todo. Al expresar la vida, cumplimos la ley de abundancia de Dios, pero lo hacemos solo cuando nos damos cuenta de que el bien que existe es suficiente, solo cuando sabemos que todos los regalos de Dios se dan de una forma libre y completa como el aire y la luz del sol...

Ernest Holmes

Si buscara la luz, esquivaría evidentemente la oscuridad. Sabría con certeza que pasar el tiempo analizando lugares oscuros, ciego en la oscuridad, no sería la mejor forma de descubrir y experimentar la luz. Ahora cambie las palabras *luz* y *oscuridad* de este ejemplo por las palabras *abundancia* y *escasez*: debería aplicarse la misma lógica. No encontrará abundancia analizando y sumiéndose en la conciencia de la escasez. Sin embargo ocurre a menudo porque existe una disparidad entre su deseo de prosperidad y la ausencia de esta en su vida.

Lea de nuevo la cita del principio del capítulo de Ernest Holmes: «Al expresar la vida, cumplimos la ley de la abundancia de Dios...». Piense en ello como en un dictado de Dios legalmente vinculante, como en una ley. Incluso san Pablo observó que «Dios puede ofrecerle todas las bendiciones en abundancia». Yo llegué a la conclusión de que la prosperidad es algo que siempre está disponible, porque eso es la esencia de la Fuente de la que se origina. Si venimos de la abundancia ilimitada, entonces tenemos que ser lo que éramos.

La escasez no proviene del lugar donde usted nació o de los bienes que sus padres acumularon o de su economía. El denominado problema de la escasez se debe al hecho de que usted desvió su creencia, apartándola de la conexión original, hacia la abundancia ilimitada y empezó a vivir y analizar la escasez: el equivalente de la oscuridad anteriormente mencionada. Le pido que realice un cambio y analice la luz de la prosperidad y corrija ese desequilibrio entre lo que desea y la forma como vive.

Cómo evita expresar la vida y no cumple la ley de Dios de la abundancia

Para expresar la vida y ser el receptor de la bendición de la abundancia de Dios, debe saber cuándo tiene pensamientos y comportamientos que desequilibran sus deseos. La voz de su posición en la balanza es algo que he escrito repetidamente en este libro: *Usted se convierte en lo que piensa durante todo el día*.

Esta es una lista de situaciones que le provocan desequilibrio:

- Insistir en lo que le falta a su vida.
- Las conversaciones que se centran principalmente en lo que le falta a su vida.
- Quejarse ante cualquiera que le escuche sobre las razones que le han impedido obtener más.
- Cultivar una imagen interior de sí mismo como una persona que simplemente no tiene suerte.

Esas formas de pensar y ser ponen en marcha una energía que atrae precisamente lo que activa en su vida. Si piensa en la escasez, creará escasez. Si habla con los demás de sus carencias, solo atraerá más carencias. Si analiza esas insuficiencias, ¡entonces aparecerán más insuficiencias!

Soy consciente de que eso puede resultar simplista, es decir, *¡cambie solo su pensamiento y el dinero entrará a espuertas!* Pero antes de que lo desestime, piense que una existencia desequilibrada le exige fijarse en las barreras y en las resistencias que ha erigido en un mundo en el que Dios puede ofrecerle todas sus bendiciones en abundancia.

Eliminar su resistencia

Su deseo de atraer prosperidad representa una exigencia espiritual elevada. Está en perfecta sintonía con la ley de la abundancia de la que se ha originado. Sus desequilibrios son energías en forma de pensamientos que, según usted, le aportarán la prosperidad deseada.

A continuación ofrecemos siete de los pensamientos más comunes que hacen virtualmente imposible la manifestación de la prosperidad. Les llamo los *siete no magníficos*, porque cada creencia garantiza que estará usted atrapado en la escasez tal y como Ayn Rand describe en la cita del inicio de este capítulo. El «grado con el que piensan» es el factor determinante para crear una vida de prosperidad.

Estos son los siete sistemas de pensamiento que le mantienen desequilibrado:

1. No es la voluntad de Dios

Cuando culpa a Dios por no tener lo que usted necesita o lo que desea, está recurriendo a una falsa justificación para aceptar lo que le ha tocado vivir. En realidad, como nos recuerda san Pablo, Dios está más que deseoso de ofrecernos la bendición de la abundancia. De hecho, Dios es pura abundancia, pero *usted* es el que está desequilibrado en la balanza de la prosperidad. Atribuyendo la responsabilidad de sus insuficiencias a la voluntad divina, crea enormes resistencias enérgicas. Está pidiendo al Universo que le mande más de lo que cree.

La solución para eliminar esa barrera (que se aplica a las siete energías de resistencia) está en cambiar esa creencia. Carlos Castaneda, en *Viaje a Ixtlan*, dijo: «Si realmente sintiera que mi espíritu está distorsionado, sencillamente lo arreglaría, lo purgaría, lo perfeccionaría, porque no hay ninguna otra tarea en toda la vida que merezca más la pena».

¿Cómo «se arregla», «se purga» y «se perfecciona»? Primero debe descubrir cuándo tiene un pensamiento falaz, y sustituir ese pensamiento por algo como «Soy una creación de Dios. Dios es abundante. Debo ser lo que fui. Ser como lo que fui significa que Dios desea que disfrute de completa prosperidad. Así es como expresaré la vida a partir de ahora». Si fuera necesario, escriba e imprima esas afirmaciones y vuelva a ellas hasta que sean un recordatorio perfectamente equilibrado. Su carencia no es un fallo de Dios. Tiene elección, así que elija entre reconectarse con la abundancia o estar desequilibrado, porque cree que eso es el plan de Dios para usted.

2. El suministro es limitado

Este pensamiento supone una enorme resistencia a la restauración del equilibrio en la balanza prosperidad/escasez. Pensamientos como «Esto es lo que tenemos para ir tirando y no todos pueden ser ricos; necesitamos pobres para mantener el equilibrio mundial, de modo que supongo que yo soy uno de esos pobres» son pensamientos similares de limitación, y no atraerán una vida próspera. De hecho, harán el objetivo totalmente inalcanzable.

De nuevo, la solución para eliminar esa clase de resistencia es purgarla, y sustituir esos pensamientos con nuevas energías que se ajusten más armoniosamente con la verdad del mundo en el que vive. Intente pensar en dinero como en un océano: el suministro es infinito, más que suficiente para satisfacer sus necesidades. La cantidad de dinero que circula por el globo no disminuye por mucho que coja usted para sí mismo. ¿Por qué? Porque, a fin de cuentas, el dinero, como el agua del océano, debe volver a su fuente. Solo circula, al igual que la energía. Puede llevarse dos mil litros del océano, y este no cambiará.

Así es como funciona: la abundancia se recoge de la abundancia, y la abundancia permanece. Puede deshechar del todo la idea de las insuficiencias y empezar a ver el dinero como una energía con un suministro infinito. Es necesario para la vida, al igual que el aire, el agua, el nitrógeno y el carbono.

3. *No me lo merezco*

Esta es una regla empírica simple: cuando no cree merecer una vida repleta de prosperidad, entonces atraerá precisamente lo que cree, que es, por supuesto, un flujo de escasez y de carencias. Si cree que atraer dinero a su vida es de algún modo incompatible con una conciencia espiritual, entonces está erigiendo barreras de resistencia para detener ese flujo.

Si desea vivir una vida abundante y está atrayendo lo opuesto, es obvio que está enérgicamente desequilibrado. Su deseo es altamente espiritual, pero lo que ofrece ese deseo es su sensación de no merecerlo. Y siendo como es el Universo, le ofrece precisamente lo que usted cree por ser indigno. Para cambiar esa idea y reequilibrarse en esa balanza, debe realinear su deseo con la energía de su pensamiento.

Debe recordar que usted es una pieza divina de Dios. Sentir que no es merecedor de la abundancia de Dios es lo mismo que negar su esencia espiritual e insultar también a su creador. Recuerde que ha venido a este mundo para ser como Dios, pero se alejó de esa idea cuando creyó más en su separación que en su unidad con su Fuente.

Empiece a cambiar esa actitud desequilibrada cultivando una afirmación interior hasta que se convierta en su segunda naturaleza. En silencio repita algo parecido a: «Soy una pieza de Dios, una expresión divina, individualizada de Dios. Soy digno y me merezco todo lo que Dios es y todo lo que fluye en mi vida. La abundancia que deseo está en camino, y haré todo lo que pueda para evitar obstruir y resistir ese flujo de inspiración divina».

4. Tengo capacidades y talentos limitados

Si está convencido de que no posee la capacidad o el talento para atraer la abundancia, está sobrecargando la balanza con un suministro continuo de escasez. Ese es un gran síntoma de resistencia, que se disimula como una excusa para ser insuficiente en el haz de equilibrios de la prosperidad. Relea la observación hecha por Ayn Rand. Ella no dijo «Es el grado de talento lo que determina lo lejos que llega una persona». Dijo «El grado con el que piensan» es el factor determinante.

Su visión interior siempre hará que triunfe su talento innato. De hecho, si confía en que las habilidades o las capacidades que necesita están a su disposición, se encuentra en el buen camino. El primer paso, y el más importante, es olvidar todas aquellas excusas que se ha inventado sobre su incapacidad. Es fundamental que cree una imagen interior de sí mismo llevando ya una vida próspera, aunque todavía no se haya materializado. Eso se denomina *pensar desde el final*. Le obliga a iniciar un programa de acción que está en equilibrio con su imagen interior.

Entonces, y esa es la parte crucial, debe *convertirse en la abundancia* que desea. Es así, debe *ser,* en lugar de buscarla fuera de sí mismo. Estos tres pasos le ayudan a deshechar la idea de que la situación en la que se encuentra es debida a una falta de talento: primero, olvide la excusa de la falta de talento; segundo, cree una imagen interior en la que atrae la prosperidad, y tercero, actúe *como si fuera* lo que desea. Tiene tanto talento como *ha decidido tener* hasta este momento. Cambie la imagen... y, ¡sorpresa!, sus talentos también cambiarán.

Cuando era niño, e incluso en la universidad, me decían a menudo que no tenía lo que se necesitaba para ser escritor u orador. Y hasta que decidí seguir mis propias imágenes interiores mis talentos no empezaron a ser visibles. ¿Por qué? Porque cuanto más desarrollaba mi vida desde el punto de equilibrio de lo que yo consideraba correcto, más práctica tenía, y más alineados estábamos yo y el Universo. En esa alineación atraía y reconocía todas las oportunidades y orientaciones disponibles para mí. Si hubiera escuchado a los que aseguraban saber todo lo referente a mis talentos, habría atraído precisamente lo que creía: una falta de capacidad.

5. Nunca he tenido suerte

El Universo en el que vive, y que vive en usted, funciona con la energía y solo con ella. «No pasa nada hasta que algo se mueve», dijo Albert Einstein. Todo vibra, incluso lo que parece inmóvil. Su Universo funciona con la Ley de la Atracción, lo que significa que la energía se ajusta a otra energía similar. Sus pensamientos son vibraciones de energía. Los pensamientos de poca altura —los que están desequilibrados con la Fuente de Energía— atraen respuestas de baja energía del Universo. Los pensamientos elevados y espirituales activan idénticas vibraciones, que le aportan lo que desea en armonía con su Fuente. Dicho esto, no hay espacio para la suerte en el Universo.

Si sufre un accidente, no es debido a su mala suerte ni es culpa suya. Simplemente es la pareja vibracional de quien ha chocado con usted en ese momento. Al ver su mundo de esa manera, puede ejercitar mejor la elección sobre con quién se empareja. Al cambiar la baja energía vibracional de sus pensamientos a vibraciones más elevadas, pone en marcha una energía que intenta ajustarse a sus deseos más elevados. Aunque eso parezca una tontería a su mente formada para estar al servicio del ego, le insto a iniciar el proceso de ver las cosas desde una posición vibracional, más que de buena suerte frente a mala suerte.

Es decir, recomiendo que adopte ese sistema de creencias: que ha atraído en su vida exactamente lo que ha elegido para sintonizar. Si su suerte le parece mala, cambie sus expectativas. Haga los esfuerzos necesarios para estar en equilibrio con lo que desea, más que con lo que ha atraído. La suerte desaparecerá como factor decisivo.

6. Siempre ha sido así

Cuando recurre a su historia personal para justificar su actual desequilibrio en la balanza de la abundancia, en realidad está expresando: «Me he pasado la vida atrayendo la escasez, y pretendo seguir haciendo exactamente lo mismo». Pensar que el pasado es responsable de su continua insatisfacción es una importante fuente de resistencia. Probablemente le han enseñado que, si no presta atención a los errores del pasado, está condenado a repetirlos. Ese es mi consejo: *¡Mantener sus pensamientos en los errores del pasado garantiza que continúen manifestándose en el presente!*

Creo que se sentirá mejor si despeja su historia personal de cualquier deficiencia que haya aparecido en su vida. Niéguese a pensar en lo que no ha llegado a materializarse, a menos que quiera más de lo mismo. Evite hablar de su triste pasado. No se identifique como alguien cuya infancia o juventud estuvo caracterizada por la escasez y la insuficiencia. Por el contrario, repase toda su historia como una serie de pasos que necesita tomar para llegar a la conciencia presente de su inacabable potencial para la abundancia.

Esté agradecido a todo lo que no ha ocurrido. Después abandone la resistencia, manifieste sus deseos, y reequilibre su pensamiento para que se ajuste a esos deseos. Afirme: «Es mi intención tener pensamientos que vibren perfectamente con mi deseo de abundancia en todos los ámbitos de mi vida. Abandono todos los pensamientos que ponen mi orientación, y en consecuencia mi potencia de atracción, en lo que ha sido o no ha sido». Esa es la clave para recuperar el equilibrio.

7. No sé cómo «pensar en abundancia» para mí

Cuando está convencido de que la conciencia de la prosperidad es como un idioma extranjero, de nuevo ha optado por *resistirse* en lugar de *permitir*. Es posible que no crea que posee la capacidad de pensar de la forma que he elaborado en este capítulo, pero le aseguro que puede... ¡y en grandes cantidades! Usted, los Rockfeller, los Hartford y los Kennedy todos emanan de la misma Fuente de abundancia ilimitada. Ella es usted y usted es ella. Está convencido de que no piensa así porque se ha permitido creer en la separación de su Fuente. Puede *pensar en abundancia*, incluso si nunca lo ha practicado en su vida.

En este preciso momento, puede iniciar la práctica de permitir que solo pensamientos prósperos vivan en su conciencia. Sustituya «Ni siquiera sé cómo pensar así» por «Soy abundante, atraigo la prosperidad, estoy en equilibrio con este deseo, y no pensaré de ninguna otra manera». Así es cómo se crean los nuevos hábitos. Convierta eso en su realidad; exprese un pensamiento cada vez.

Emulando a Ernest Holmes, todo ello supone expresar su vida para cumplir con la Ley de la Abundancia de Dios. Su existencia es un regalo de una Fuente próspera y abundante de bienestar. Estar en equilibrio significa que está expresando la vida, irradiando esa conciencia con sus pensamientos. En consecuencia, sus expectativas apoyan una forma de vida en hermoso equilibrio.

Esta enseñanza del gran poeta sufí Rumi le anima a empezar cada día con altas vibraciones de expectativas de estar receptivo a los mensajes de su Fuente:

La brisa al amanecer tiene secretos que contarle,
no vuelva a dormirse.

Recuerdo esta misma mañana cuando me he despertado (en plena noche para muchas personas), y esa brisa matinal que me revela secretos al amanecer de cada nuevo día. Tiene derecho a todos los dones divinos. Estar en equilibrio es uno de los secretos. Inténtelo y, haga lo que haga, ¡no vuelva a dormirse!

7

*Luchar contra las condiciones adversas hace que estas aumenten su poder sobre usted.
(Equilibrar su deseo de vivir en un mundo en paz con los mensajes del mal con que le bombardean continuamente.)*

Todo lo bueno que tienes procede de Dios. Todo lo malo procede solo de ti.

El Corán

Ver y escuchar a los malvados es ya el comienzo del mal.

Confucio

Diariamente oímos de distintas fuentes que el mundo está patas arriba, que el mal está por todas partes y que el terrorismo es una forma de vida. Las personas parecen decididas a matarse cada vez con más violencia, mientras se recluta a los niños para hacer estallar bombas suicidas en nombre de Dios. La radio, la televisión y las noticias en la red nos dispensan una incesante muestra de la falta de humanidad entre los hombres, los miembros de la familia se enemistan, los adolescentes matan a sus compañeros en la escuela, y las células terroristas sacuden las conciencias en todos los rincones de la tierra, desde las estaciones de tren hasta los lugares de culto.

Podría seguir describiendo cómo nos bombardean continuamente los medios, pero lo dejaré porque estaría vulnerando la premisa central de este capítulo. Lo que intento decir es que *parece* que vivamos en un mundo totalmente desequilibrado, donde nuestros deseos de sentirnos en paz se ven desafiados por una miríada de energías no pacíficas que se consideran dignas de ser noticia. Pero en este asunto podemos elegir. Y podemos elegir realinearnos nosotros mismos enérgicamente con nuestro deseo de vivir en este mundo de forma pacífica, pase lo que pase a nuestro alrededor, y a pesar de la energía no pacífica a la que estamos sometidos muy a menudo.

Debemos optar por mantener una existencia tranquila con nosotros mismos, incluso cuando los demás fomentan el miedo, la ira, y el odio sobre este violento planeta. Al fin y al cabo, el esfuerzo colectivo masivo a lo largo de la historia de la humanidad —por parte de los que ostentan el poder— ha enseñado a las personas a quién temer, y peor aún, a quién odiar. De haber vivido en Estados Unidos en 1750, nos habrían dicho que era nuestro deber patriótico odiar a los franceses, así como a los estadounidenses nativos. Veinticinco años más tarde, nos habrían dicho que ya no debíamos odiar a los franceses, sino a los británicos. Ahora avancemos ochenta y siete años, y si viviéramos en el Sur, nos dirían que odiáramos a los del Norte, y a los septentrionales les dirían lo mismo sobre los meridionales, aunque tuvieran relaciones de parentesco. (Por cierto, ya no es preceptivo que odiemos a los británicos.)

Ahora avancemos treinta y cuatro años, y ya no sería necesario odiar a los españoles; de hecho era aceptable amar de nuevo a los que vivían en una latitud diferente de nuestro propio país. Veinticinco años más tarde, estaba bien visto amar a los españoles, pero debíamos odiar a los alemanes, y unas décadas más adelante se añadía a los japoneses a la lista de odios obligatorios. Después volvió a ser correcto dejar de odiar a los alemanes y a los japoneses, pero teníamos que rechazar a los comunistas, que años después estaban en Corea del Norte o Vietnam del Norte.

En otras palabras, siempre ha habido una serie de personas que se han añadido o borrado del inventario de odio. Durante mucho tiempo se nos exigió odiar a los rusos, después a los iraníes; pudimos amar a los iraquíes, pero solo durante un breve tiempo. Después cambiamos los integrantes de la lista de odio: estábamos obligados a odiar a los anteriormente amados iraquíes, y estaba bien amar a los iraníes que hacía solo diez años nos habían dicho que odiáramos. Luego vinieron los talibanes, y categorías aún más oscuras como terroristas a los que antes se nos pedía amar, y los insurgentes, sean quienes sean en este momento, se volvieron blancos obligatorios de nuestro odio.

¡Esa letanía de odio sigue y sigue! Los rostros cambian, pero el mensaje permanece: nos dicen a quién amar, pero jamás reconocerán que el enemigo que debemos odiar no es una nacionalidad: *¡el enemigo es el propio odio!*

ELIMINARSE DE TODAS LAS LISTAS DE ODIO

Arthur Egendorf, en *Healing from the War*, ofrece un consejo que es pertinente para nuestros esfuerzos de reequilibrar nuestra vida y vivir apaciblemente:

> Solo juntos crearemos una cultura que sustituya los ciclos de batalla y retirada, no con nuestro miedo a la guerra sino dominando una forma superior de vida.
> La semilla de esa cultura es la determinación de las personas, y después de pequeños grupos y comunidades, de dedicar nuestra vida a la mayor visión de todos los tiempos:

> no esperar que un día un sabio nos ilumine; no esperar que un gobierno apruebe leyes justas; no esperar una revolución que corrija las injusticias de un mundo cruel, y no montar una cruzada para derrocar un enemigo distante que nos supera en fuerzas. Cada uno de nosotros, por sí solo y con todos los demás, es responsable de crear alegría eligiendo un estilo de vida apropiado, aquí y ahora. En cuanto este propósito se vuelve primario, podemos regresar a la tarea incesante de aportar bienestar a los demás, justicia e integridad a nuestro gobierno, y crear programas constructivos para producir el cambio aquí y en otras partes. Cuando se está así inspirado, no hay que esperar al resultado final para obtener compensaciones. No hay mejor forma de vivir o de morir.

Las palabras que oigo con más fuerza en esta perspicaz observación son: «Cada uno de nosotros, por sí solo y con todos los demás, es responsable de crear alegría eligiendo un estilo de vida apropiado, aquí y ahora». Propongo que lo primero que haga de forma individual para crear alegría es eliminar el odio de su conciencia. Puede resultarle sorprendente, pero deje que se aposente. Los que odian la guerra son tan responsables de la presencia de esta como los que odian a sus enemigos y luchan con el fin de matarlos. Los que odian el crimen forman parte de la problemática del crimen. Los que odian el cáncer hacen de él un enemigo y se convierten así en parte del problema de esa enfermedad.

Como todo lo demás en este libro, el secreto para reequilibrar la vida no es necesariamente cambiar su comportamiento, sino realinearse y *crear una cultura que sustituya los ciclos de batalla y retirada*. Cada vez que usamos la fuerza para resolver nuestras disputas, creamos de forma instantánea una contrafuerza; y esta es en gran parte responsable de los ciclos inacabables de guerra que han caracterizado la historia humana. Fuerza, contrafuerza, más fuerza, y las batallas continúan, generación tras generación. Lo mismo ocurre en su interior: un pensamiento de odio crea un pensamiento de venganza, y después más pensamientos de odio como reacción a lo anterior. Y lo realmente preocupante es que esos pensamientos de odio y de venganza definirán su existencia. Se convierten en su punto de atracción.

Su deseo inicial de vivir apaciblemente, en un mundo que según dicen se ha vuelto loco, es un deseo espiritualmente equilibrado. Para materializar su deseo, debe extender los pensamientos que se ajustan a la energía de ese deseo. Los pensamientos de odio no florecerán en su deseado sosiego, y la razón, expuesta repetidas veces en este libro es la siguiente: *Atrae más y más de lo que desea erradicar.*

Romper el ciclo

Puede deshacerse de los pensamientos de odio, a pesar de las noticias de los distintos medios, movidos exclusivamente por los beneficios. Cuanto más crea en el mensaje del odio, más se beneficiarán los que lo venden. En cambio, puede decidir ser un instrumento de alegría. ¿Cómo reacciona un instrumento de alegría ante una cacofonía de noticias constantes y perturbadoras? Si está en equilibrio tiene más probabilidades de acceder al lugar de amor y de paz que es usted. Recuerde su misión, y mantenga su deseo de estar en equilibrio y en paz afirmando que por mucho que millones de personas decidan vivir en el odio, ese no es su destino. No decidió vivir en un mundo en el que todos tienen la misma visión. Sus pensamientos se convierten en: «Soy una creación divina; elijo estar conectado a esa divinidad en todos mis pensamientos y en todas mis acciones».

Entonces ¿cómo reacciona cuando oye hablar de personas muertas en explosiones provocadas por terroristas, o en otras situaciones que no son en absoluto pacíficas? Esto es lo que debe pensar y decir: «Quiero sentirme bien (Dios). No me apunté a la guerra o a los pensamientos belicosos. Soy un instrumento de paz, y mando pensamientos sosegados y amorosos a las personas y a los lugares del mundo que parecen necesitarlos desesperadamente. Me niego a colaborar con la energía del odio en ningún lugar y en ningún momento». La alternativa a ese tipo de pensamiento apacible son la ira, el odio y el miedo, que se alinean perfectamente con una energía muy desagradable, y su reacción inmediata es buscar venganza. Se crea una contrafuerza, y usted está alineado con la misma energía de odio que le causó la sensación de absoluto desasosiego.

¿Y si, en respuesta a los terroristas suicidas, atendiéramos a los heridos y lloráramos a los muertos, en vez de hacer publicidad de la tragedia en los telenoticias? ¿Y si nadie informara de las consecuencias de ese tipo de violencia? Nada de noticias. Nada de películas. ¿Y si elegimos respetar el dolor de los familiares y de los supervivientes no comercializando fotos de su aflicción? ¿Y si esa clase de pensamientos emergieron cuando esos actos de odio tuvieron lugar?

Las personas que perpetran esos incidentes actúan según sus propios pensamientos de odio, esperando que otros respondan del mismo modo y que el odio siga creciendo. Pero, si ya no fuera noticia, si nadie le prestara atención, sus actos se detendrían necesariamente. Usted puede ser una de esas personas que se niegan obstinadamente a añadir pensamientos de baja energía al odio que les rodea. Al hacerlo, puede contribuir a la desaparición de ese sentimiento. Puede actuar individualmente para crear más alegría negándose en rotundo a sentir odio en ninguno de sus pensamientos. Rompa el ciclo de violencia en el mundo no con la violencia del odio, sino siendo su propio instrumento de paz.

Elija experimentar la paz centrándose en su razón de ser

El pasaje del Sagrado Corán, al inicio de este capítulo, afirma que «todo el bien que tienes procede de Dios y todo el mal procede de ti». Tras acceder a su energía más elevada, usted puede procesar los sucesos desequilibrados que crean los humanos desde la aceptación de Dios. No hay odio en Dios; solo amor. Puede experimentar la paz equilibrando todo lo que transpira alrededor con la conciencia de Dios. Nada le exige que reaccione al mal con una respuesta mental no espiritual. Tiene la posibilidad de centrar su energía mental en lo que desea, y, al hacerlo, crear un nuevo mundo.

Deje que le explique cómo respondo al bombardeo de mensajes que se centran en lo mal que está el mundo. Primero, me recuerdo a mí mismo que por cada acto de maldad existe un millón de actos de bondad. Decido creer que las personas son esencialmente buenas y que, permaneciendo en ese sistema de creencias, ayudo a que se extienda esa concienciación. Cuando muchos de nosotros asuman esa noción sagrada de que todo el bien que tenemos procede de Dios, aprenderemos a vivir colectivamente en esa conciencia sosegada.

Segundo, sé con seguridad que sentir odio en mi corazón jamás me aportará paz. El odio solo contribuirá a incrementar la presencia de esas energías destructivas creadas por el hombre. Así que decido situar mi atención en mi razón de ser, y en sentirme *bien*, o sentir a *Dios*. Apoyo la paz, no la guerra. Como observó Albert Einstein, «No solo soy pacifista, sino un pacifista militante... Nada pondrá fin a la guerra a menos que las personas se nieguen a ir a la guerra». Yo, como receptor del Premio Einstein del Albert Einstein College of Medicine de Yeshiva University, añadiría humildemente «...y a menos que las personas se nieguen a tener jamás pensamientos belicosos».

En *El largo camino hacia la libertad*, Nelson Mandela escribió: «Para hacer las paces con un enemigo se debe trabajar con ese enemigo, y ese enemigo se convierte en nuestro socio». Sé que todos somos socios al igual que hijos de Dios. Así es como pienso, y cuando veo imágenes de un mundo que está patas arriba porque muchos lo han olvidado, sigo eligiendo sentir la presencia de Dios en mí y sé que finalmente aprenderemos a vivir así de forma colectiva. Pero para ello es necesario que cada uno de nosotros se niegue a ser un instrumento de guerra en todos nuestros pensamientos, y, en consecuencia, en todos nuestros comportamientos.

El sucesor designado por Adolf Hitler, Hermann Goering, es citado en el *Diario de Nuremberg* diciendo lo siguiente:

> Es evidente que la población no desea la guerra... Pero, al fin y al cabo, son los líderes del país los que determinan la política, y siempre resulta muy fácil arrastrar a la población, tanto en una democracia como en una dictadura, en un Parlamento o en una dictadura comunista... con votos o sin ellos. Siempre se puede hacer que la población obedezca a los líderes. Eso es fácil. Solo hay que decirles que les atacan y denunciar a los pacifistas por falta de patriotismo y por exponer al país al peligro. Funciona igual en todos los países.

Yo decido no ser una de esas personas que se dejan arrastrar. Me niego a ser forzado a obedecer a ningún líder que intente convencerme de que mis creencias de paz me convierten en alguien poco patriótico. Cuando a un funcionario del Pentágono le preguntaron por qué los militares estadounidense censuraron imágenes de la guerra del Golfo, respondió: «Si dejáramos que la población viera esas cosas, no volvería a haber otra guerra».

Pues ese es mi objetivo: vivir en un mundo donde los pensamientos belicosos desaparezcan porque centramos toda nuestra energía mental en nuestra razón de ser más que en lo que odiamos. El ex presidente Dwight Eisenhower, que también fue comandante de las fuerzas aliadas en la Segunda Guerra Mundial, observó en una ocasión:

> Todas las armas que se fabrican, todos los buques de guerra que se botan, todos los cohetes que se lanzan, significan, en el sentido último, un robo a todos los que están hambrientos y no se les da de comer, a los que tienen frío y no se les da abrigo. Ese mundo armado no solamente gasta dinero.

Gasta el sudor de sus obreros, el genio de sus científicos, las esperanzas de sus hijos. No es una forma de vida en un sentido verdadero.

Esta es una llamada para que nosotros y nuestro mundo se equilibre. La paz exige un pensamiento heroico y pureza de conciencia. Cuando recuerdo eso, persiste mi deseo personal de vivir una vida satisfactoria con Dios.

Tercero, cuando veo y oigo el mal, me recuerdo a mí mismo: «Yo no me comprometí a formar parte de ese odio. Si bien otros sí lo han hecho, yo permaneceré con el sentido interior de paz al que estoy destinado, y rodearé a los que se comportan de formas perversas con la misma energía luminosa». Sencillamente me niego a ir a la guerra en mis pensamientos. Elijo ser un portador de luz para los lugares de oscuridad que están privados de esa clase de energía iluminadora.

Finalmente, mientras sigo recibiendo mensajes de violencia, me recuerdo a mí mismo una y otra vez que tenemos la posibilidad de elegir cómo responder a todo ello. Sé que si siento odio en respuesta al odio, solo contribuyo a la presencia del odio en el mundo, y que también me arrastro hacia un lugar donde la presencia de Dios es menor. Como dice un antiguo proverbio chino: «Si decides vengarte, es mejor que caves dos tumbas».

Sé que podemos centrar nuestra energía en mostrar nuestro amor por Dios amándonos los unos a los otros. Y sé que puedo elegir ver lo que hay de bueno en el mundo y no solo lo que es malo. Cuando esos mensajes de violencia y de odio se abalanzan sobre mí, aprieto el botón de silencio o incluso el botón de apagado, y recuerdo lo que dijo el Dalái-Lama:

> La compasión y el amor no son meros lujos. Como fuente tanto de paz interior como exterior, son fundamentales para la continua supervivencia de nuestra especie.

Estas son palabras extremadamente valiosas que describen nuestra necesidad de estar en equilibrio. Permanezco equilibrado en esa dimensión de estar en un mundo apacible, repitiéndolas una y otra vez. Ahora sé con seguridad que estoy obligado a estar en una conciencia de compasión y de amor, no solo para mantener mi equilibrio, sino para ayudar a asegurar la supervivencia de nuestra especie. No puede haber mejor vocación que esa.

8

*El amor es lo que queda cuando el enamoramiento
se desvanece.
(Equilibrar su deseo de amor con los sentimientos
de no tener suficiente amor.)*

Los que buscan el amor solo ponen de manifiesto su propia carencia de amor, y los que no tienen amor nunca lo encuentran, solo los que tienen amor encuentran amor, y nunca deben buscarlo.

D. H. LAWRENCE

El que viene a hacer el bien llama a la puerta; el que ama encuentra la puerta abierta.

RABINDRANATH TAGORE

El amor es algo que deseamos, y ¿por qué no? Cuanto más amor recibimos, más amados nos sentimos y también nos sentimos mejor. Sentirnos bien (sentir a Dios) es sentirse equilibrado y en perfecta armonía con la Fuente de nuestro ser. Entonces es evidente que, uno de nuestros deseos más elevados y fervientes es ser el receptor de un flujo incesante de amor. ¿Qué crea ese enorme desequilibrio entre lo que deseamos y cómo nos sentimos? Existe una ironía respecto a la corrección de ese desequilibrio, y la observación de D. H. Lawrence en el inicio de este capítulo lo describe perfectamente.

Al igual que todos los desequilibrios importantes que he descrito en este libro, reequilibrar siempre comporta una realineación de la energía, que no se obtiene simplemente memorizando estrategias o adoptando nuevos comportamientos. Por el contrario, es esencial saber qué clase de pautas de energía vibracional envía a sus deseos. En este caso, su deseo es sentirse bien teniendo tanto amor en su vida como pueda equilibrar. Eso no se consigue mediante la exigencia o la búsqueda fuera de uno mismo.

La parte clave de la cita de Lawrence es «solo los que tienen amor encuentran amor, y nunca tienen que buscarlo». Más adelante, en este capítulo, volveré a estas significativas palabras. Sin embargo, antes de buscar formas de aplicar ese concepto en su vida, querría analizar la siguiente afirmación de Lawrence: «los que no tienen amor nunca encuentran amor». Si hay poco amor, ello significa, al menos en la interpretación de Lawrence, ¿que *no tenemos amor*? Estudiemos esta idea.

El factor de la falta de amor en este desequilibrio

Si no está recibiendo el amor que desea, es aconsejable explorar cuáles son las causas de ese estado. Evidentemente, la mayoría deseamos echar la culpa de esa falta de amor a algún factor externo a nosotros mismos. Es una pérdida de tiempo y de energía, pero a menudo sienta bien hacerlo porque la culpa parece aliviar el dolor, aunque brevemente. Sin embargo, la energía de la culpa hace que permanezcamos desequilibrados, tanto si nos culpamos a nosotros mismos como a otros. Estar equilibrado se basa en la premisa de que recibe en la vida aquello con lo que está alineado. Lo ha leído tantas veces a lo largo de este libro que ya sabe lo que quiero decir: *¡obtiene lo que piensa!*

Aunque puede justificar su estado de carencia de amor con pensamientos de no ser apreciado, o elegir ver al mundo como un lugar sin amor, usted seguirá experimentando el desequilibrio de no sentirse bien porque no tiene suficiente amor en su vida. Esperar que cambien los demás, o que se produzca algún tipo de movimiento en el mundo que restablezca su equilibrio, no funcionará si usted no se compromete a asumir la responsabilidad de cambiar su forma de pensar. Si delega en los demás ese cambio, estará dando los mandos de su vida a alguien o a algo fuera de usted. Y eso le conducirá directo al desastre.

El punto que deseo resaltar ahora es que si los sentimientos de sentirse defraudado en el ámbito del amor forman parte de su vida, es porque ha alineado sus pensamientos y sus comportamientos con la carencia de amor. ¿Cómo lo hace? No siendo capaz de equiparar su deseo de amor con pensamientos que armonicen con la fuerza de su deseo, por ejemplo: «Nunca he sido capaz de mantener una relación amorosa. No soy lo bastante atractivo para que alguien me ame como deseo ser amado. Las personas son crueles y se aprovechan de mí. Veo hostilidad y rabia por todas partes. Este es un mundo sin afecto con escasez de amor».

Todos esos pensamientos (y otros parecidos) crean un punto de atracción que está desequilibrado con un deseo de recibir abundante amor. Atrae en su vida precisamente lo que está pensando, y se ha apuntado sin querer al «Club sin amor», con una filiación que incluye a la mayoría de la población, es decir, personas que están defraudadas por la cantidad de amor que no consiguen introducir en sus corazones vacíos. Esto es reversible si cambia su alineación y elimina la resistencia a cumplir su deseo de amor. Empiece poniendo fin a su búsqueda del amor.

No busque más

¿A qué se refiere el poeta con «los que buscan el amor solo ponen de manifiesto su propia carencia de amor»? Cuando busca algo, siente que lo que está persiguiendo es lo que le falta a su vida. Si es amor, por ejemplo, lo que está diciendo en realidad es: «Estoy experimentando una falta de amor, y en mi búsqueda espero llenar ese vacío». Pero ese planteamiento es erróneo puesto que en lugar de llenar el vacío de amor, solo conseguirá desequilibrarlo más, y la falta de amor sigue siendo su experiencia. ¿Por qué? Porque le pesa más la falta de amor que el amor. Sus pensamientos están concentrados en encontrar lo que falta, mientras que su deseo es que el amor fluya en su vida.

Esa falta de alineación sigue atrayendo más de lo que carece. Está pensando en el amor que no está allí. El Universo coopera, sintonizando vibracionalmente, precisamente con lo que usted está pensando. ¿Cómo puede hacerlo el Universo? Simplemente sintoniza esa vibración con sus pensamientos mediante la Ley de la Atracción.

Debe apagar las luces de búsqueda, despedir al equipo de rescate, y sustituirlo por una energía de pensamientos amorosos, una seguridad interior de recibir amor. Usted se originó en un lugar del Espíritu que se ha definido por el amor. Cuando reequilibre su vida para que su deseo, sus pensamientos y su actitud formen una sociedad amorosa, se dará cuenta de que su deseo es realmente un acto de Dios.

El anhelo de amor es un deseo de ser más como Dios en sus pensamientos. Con esa conciencia, enseguida se da cuenta de que buscar en el exterior lo que usted ya es supone una auténtica estupidez. Nadie más puede dárselo. Como dice D. H. Lawrence: «Los que no tienen amor nunca encuentran amor». Y es porque los que no poseen amor están centrados en *no tener* lo que desean, en lugar de centrarse en lo que ya son.

Además, los que no tienen amor creen que no merecen ese amor que desean. Y ¿sabe qué? Siguen atrayendo más pruebas de su indignidad. Con las luces de búsqueda apagadas, y la partida de rescate de una persona en descanso permanente, puede dedicar su atención a equilibrar los auténticos medios a su disposición para recibir abundante amor. Esa es la ironía, resumida perfectamente en la conclusión del poeta cuando dice «solo los que tienen amor encuentran amor, y nunca tienen que buscarlo».

Convertirse en amor

Como sugiere el título de este capítulo, mi definición del amor va más allá de la vehemencia y de la excitación que se experimenta al principio del enamoramiento. En última instancia, esas pasiones desatadas se aplacan, y lo que queda es el amor auténtico, o el equilibrio que estaba buscando. ¿Cuál es el ejemplo fundamental para ilustrar esto último? Es amar como Dios ama, extender el cariño que define su propia creación al exterior, siempre que sea posible.

Esa clase de amor hace que olvide su propio ego, y que desee con más intensidad para los otros lo que quiere para sí mismo. Así es cómo funciona el acto de la creación. Su Creador no le exige nada por haberle dado la vida; se la ofrece gratuita y abundantemente, y no se excluye a nadie. No debe pagar a Dios por darle la vida o por el aire que necesita para vivir o por el agua que bebe para asegurar su existencia o por el sol que le aporta energía vital. Sin alguno de esos ingredientes que se le dan gratuitamente, usted no podría seguir viviendo. Ese es el amor que Dios le ofrece.

Para equilibrar su vida con más amor, necesita ajustar sus pensamientos y comportamientos con los de su Fuente, siendo amor tal como Dios lo es. Eso supone ser consciente de cuándo se juzga a sí mismo o a los demás, como si usted o ellos fueran indignos de amor. Debe eliminar, por lo tanto, su necesidad de ser correcto en favor de ser bueno consigo mismo y con los demás, y extender esa bondad a todas partes. Ello implica darse amor a sí mismo y a los demás en lugar de exigirlo. Entonces su gesto amoroso de bondad es sincero porque siente que el amor fluye de su interior; ya no se trata de pedir algo a cambio. ¿Tan difícil es? No, al menos que a usted se lo parezca.

El amor pertenece a su estado natural, pero su ego no forma parte de ese estado. El ego domina porque se ha separado de su yo-Dios, el yo amoroso que llegó aquí desde un lugar de amor divino totalmente incondicional. Ha llevado tanto tiempo consigo esa idea del ego y de su propia importancia, su necesidad de ser correcto, que ha caído en el engaño de creer que el ego del yo representa lo que usted es. Puesto que hablamos del desequilibrio, ¡ha optado por una creencia basada en una ilusión! Ha permitido que esa ilusión sea la fuerza dominante, y ha creado así, mediante su yo centrado en el ego, un pesado desequilibrio en su vida.

Usted desea sentir amor, lo real, el amor que es la pura

esencia de su ser, el amor que es usted, pero siente vacío en lugar de amor. ¿Por qué es así?

Porque el vacío solo puede llenarse con amor abriendo la conexión del corazón con el espíritu del amor que se origina quién sabe dónde, pero que se siente en su interior. Es *su* espacio vacío, y de nadie más. En consecuencia, solo *usted* puede llenarlo. Su objetivo es pedir que el amor se instale dentro de usted para dar a conocer su presencia, para que sea consciente de que está tan repleto de amor que no posea otra alternativa que ofrecerlo. Eso es todo lo que tiene que hacer, pedir y recibir. Si lo hace, atraerá más de lo que está dando.

Sólo puede dar lo que lleva dentro

La recuperación de ese desequilibrio depende de su voluntad de reconectarse con su Fuente del ser y convertirse en instrumento de amor. Debe jurar, desde este momento, verse a sí mismo exclusivamente en términos amorosos, e invitar al amor a acompañarlo las veinticuatro horas del día. Esa es una afirmación que le ayudará a mantenerse en el camino: *«Espíritu Santo, guíame ahora»*. Esta declaración simple y potente sintoniza con el amor. El desprecio o el rechazo hacia sí mismo no puede perturbar ese equilibrio; solo tiene amor para dar. Cuando se desprecia o se rechaza a sí mismo o a los demás, está sintonizando vibracionalmente con esas energías, y ellas continuarán apareciendo en su vida.

Muchas personas culpan a los demás (o a un mundo hostil y frío) del poco amor que reciben en comparación con lo que desean. Cualquier disparidad que exista entre el amor que desea y el que recibe es una imagen reflejada, un reflejo de lo que está pensando. Si da odio, recibirá odio: si da amor, el amor entrará a raudales en su vida.

Imagínese un contenedor de la medida de su corazón. Ese contenedor es el único origen de todos los pensamientos. Siempre que piense algo, debe acudir a ese contenedor, elegir un pensamiento y mandarlo al mundo. Siguiendo con la metáfora, lo realmente importante no consiste en elegir pensamientos positivos y cariñosos y hacer que su mundo recupere el equilibrio, sino lo que hay en el contenedor, es decir, lo que hay en el depósito del corazón, que tiene en su interior, para dar a los demás. Ese contenedor interior está conectado a un suministro infinito de amor; solo debe devolver sus pensamientos a esa Fuente para llenarlos de amor; amor a sí mismo, amor al mundo, amor a la vida, amor a los demás, y, más importante aún, amor a la Fuente de su ser. De ese manera, eso es lo que tendrá para dar y, en consecuencia, lo que recibirá.

Se ha dicho que la diferencia entre los que vivimos en niveles ordinarios de conciencia humana y los que llamamos santos es que ellos nunca olvidan a Dios, ni siquiera un instante. Están alegres cuando la vida es difícil, son pacientes cuando los demás están impacientes, y son cariñosos cuando los demás responden con odio. ¿Por qué? Gracias a ese contenedor. Normalmente las personas tienen un contenedor del que extraen pensamientos cariñosos en ciertas circunstancias. El santo posee una vasija interior donde solo existen ese tipo de sentimientos, de la que fluye y en la que entra libremente el amor.

Así que en vez de trabajar para cambiar simplemente sus

pensamientos con el fin de convertirse en un ser más apacible y cariñoso, ¿por qué no apuntar a la luna y pensar como el santo que es usted? Concéntrese en el contenedor interior. Cuando diga continuamente, *«Espíritu Santo, guíame ahora»*, verá cómo su contenedor rebosa con tantos pensamientos cariñosos que es imposible que ningún tipo de negatividad altere su equilibrio interior.

Cómo se ve el amor a través de los ojos de un niño

Estas son algunas perlas que describen qué es el amor, desde la perspectiva de un grupo de niños de cuatro a ocho años. Mientras usted trabaja para reiniciar el «haz del equilibrio amoroso» en su vida, tenga presentes estos refrescantes pensamientos sobre qué es el amor.

- Cuando alguien te ama, la forma como dice tu nombre es diferente. Sabes que tu nombre está a salvo en su boca.
- El amor es cuando sales a comer y das a alguien tus patatas fritas sin que él tenga que darte las suyas.
- Amor es cuando mi padre prepara café para mi madre, y toma un sorbo antes de dárselo para estar seguro de que está bueno.
- Amor es cuando mi madre da a mi padre el mejor pedazo de pollo.
- Durante mi recital de piano, yo estaba en el escenario muerto de miedo. Miré a todas las personas que me observaban y vi a mi padre saludándome y sonriendo. Era el único. Ya no tuve más miedo.

Y mi preferido es este:

- El amor es lo que está en la habitación contigo en Navidad si dejas de abrir regalos y escuchas.

Ahí está. Mire dentro y alrededor. Escuche. El amor es lo que queda cuando el enamoramiento desaparece, porque el amor es una fuente ilimitada. Ofrézcala a los demás. Comparta sus patatas fritas. Dele a alguien el mejor pedazo de pollo. Salude y sonría al Universo, y sabrá lo que quería decir Victor Hugo cuando observó que «El amor es la reducción del Universo a un único ser».

El amor no es solo lo que queda cuando el enamoramiento se desvanece, sino que además define la Fuente de la que procedemos. Elizabeth Barrett Browning describe en una poesía el final de la vida como un retorno al amor puro:

—Adivina quién te sostiene.
—La muerte —dije. Pero, entonces,
sonó la respuesta deslumbrante...
—La muerte no, sino el amor.

Así pues el amor es realmente lo que queda cuando incluso el cuerpo ha desaparecido.

9

La tierra está repleta de cielos.
(Equilibrar su vida espiritual con su vida material.)

La vida en el mundo y la vida en el espíritu no son incompatibles.

Los Upanishads

... la mayoría de hombres viven sin ser totalmente conscientes de que son seres espirituales...

Søren Kierkegaard

No debemos pensar en el cielo como un lugar al que llegamos en cuanto abandonamos la existencia terrenal. Más bien me parece que usted quiere experimentar el cielo aquí en la tierra. Como sugiere el título de este capítulo (de un poema de Elizabeth Barrett Browning), la tierra en sí está repleta de cielos. Pero ¿usted ve algún cielo en su vida diaria? ¿Se siente como si viviera en un mundo celestial? Si la respuesta es «no», es que está desequilibrado. Probablemente ha hecho de su mundo físico el centro principal de su vida, prestando poca o ninguna atención a la parte celestial de su existencia terrenal.

Qué aspecto tiene ese desequilibrio

Cuando centra la mayor parte de la energía de su vida en el mundo material, está en un estado de continua preocupación por «lo suyo», y se siente como si nunca pudiera ganar la partida de la vida. Toda su energía mental está prácticamente concentrada en lo que tiene y en lo que no tiene. Evalúa su mundo basándose en temas tan materiales como qué marca de coche tiene o si viste a la moda. ¡Puede sentirse inferior porque otras personas poseen más cosas que usted! Este desequilibrio entre el mundo espiritual y el material suele implicar tener más deuda. Su deseo de poseer cosas más grandes, mejores y más caras le lleva a pedir dinero prestado y contraer mayores obligaciones económicas. Al poco tiempo, las deudas sobrepasan su capacidad de pagar esas adquisiciones materiales.

Cuando está abiertamente implicado en lo físico, y excluye lo espiritual, centra su vida en ganar, en ser el número uno y en establecer comparaciones con los demás. Preocuparse por los aspectos materiales de la vida conduce a ver la existencia de uno de forma superficial, donde la apariencia se considera más importante que la sustancia. De hecho, lo que se ve desde el exterior se sobrepone a lo que usted siente. Lo que otros piensan es la herramienta de medida más importante, y cuanto se ajusta a los criterios impuestos desde fuera se convierte en lo más importante.

Un aspecto devastador del desequilibrio espiritual/material es la cantidad de tiempo y de energía mental dedicada a las consideraciones económicas. El dinero se convierte en el criterio más importante para evaluarlo todo, incluso su felicidad, su paz interior, sus sentimientos sobre su valor como ser humano. Todo se mide en una parrilla de precios o costes económicos: «¿Cuánto vale? ¿Qué precio tiene? ¿Puedo permitírmelo? ¿Mantendrá su valor? ¿Debo asegurarlo? ¿Y si me lo roban? ¿Podré volver a comprarlo?».

Su mundo interior está repleto de pensamientos de valores de coste y dinero en metálico. En su imaginaria balanza de equilibrio, el lado más pesado está descompensado por pensamientos que emergen de una conciencia en la que el aspecto, el rendimiento y las adquisiciones son todo lo que percibe. Esa conciencia le impide reconocer que allí, ahora, donde vive, está repleto de cielos. En lugar de buscar el cielo en la tierra, está condenado por su proceso de pensamiento a vivir con las consecuencias de esa desproporcionada visión de la vida.

El impacto del desequilibrio

Cuando está desequilibrado, su vida está descompensada hacia el lado material de la balanza, y el precio a pagar es muy caro. La consecuencia más grave es que se ve a sí mismo de una forma falsa. Su auténtica esencia es espiritual, más que física, pero no es capaz de reconocerlo.

Su yo infinito nunca nace y nunca muere. Cuando descompensa la balanza del equilibrio en favor del mundo material, se está identificando con un aliado inestable que siempre está cambiando. Su cuerpo, sus posesiones, sus logros y sus finanzas son efímeros. Vienen y van como el viento. Cada vez que piensa que ha cumplido un objetivo, ya sea en los aspectos físicos o en cantidades de dinero, algo cambiará. En esos foros, siempre volverá a alguna forma de lucha, incertidumbre y ansiedad.

Su preocupación por estar tan descompensado materialmente en la balanza del equilibrio está repleta de estrés y de preocupaciones. Su obsesión con el cuerpo y con el aspecto que tiene se convierte en amargura y angustia a medida que envejece, y convierte lo que usted creía su «yo real» en un mero recuerdo, en una ilusión que no puede recuperarse.

Del mismo modo, sus posesiones disminuyen, se vuelven anticuadas, pierden su valor, o simplemente desaparecen. Debido a su desequilibrio en esta dimensión, se siente vacío, sin objetivo alguno y estafado. Todo el duro trabajo y la dedicación que ha invertido en sus adquisiciones, logros y reputación se vacían casi por completo de significado. El resultado es la decepción, el pesar y tal vez la hostilidad hacia el mundo. Pero no puede culpar al mundo de ello; toda esa ansiedad que conduce al estrés es evitable si opta por equilibrar la balanza material/espiritual. Todo lo que necesita obtener es un equilibrio, un corte limpio entre esos dos aspectos de sí mismo.

El título de este capítulo «La tierra está repleta de cielos» pretende darle a entender que está bien aquí y ahora, no en otro lugar, en un lejano futuro, o tras la muerte de su yo físico. El cielo está aquí, ahora, en este momento... cuando encuentre ese punto de equilibrio.

Igualar la balanza del equilibrio

El cielo es un estado de la mente, no una situación, ya que el Espíritu está en todo y en todas partes. Puede situar al mismo nivel su vida material y espiritual tomando una decisión consciente de buscar el despliegue del Espíritu en todo aquello que haga y con todos los que se encuentre. Personalmente lo llevo a cabo realizando un esfuerzo para ver mi mundo como si lo estuviera observando a través de una lente que filtrara la forma y todos los aspectos materiales de lo que veo y que solo me permitiera observar la energía espiritual que permite que exista lo que estoy percibiendo. Intente ponerse esas gafas mágicas imaginarias y vea cuán diferente parece todo. El mundo natural es un lugar agradable para realizar este experimento.

Naturaleza

Cuando mira un árbol sin esas lentes imaginarias que filtran la forma, puede ver ramas, flores, hojas y tal vez mangos o ciruelas. Con sus cautivadoras gafas nuevas, las líneas que forman los límites del árbol se difuminan, y hay una vibración enérgica tan rápida que da una perspectiva completamente nueva del árbol. Usted ve los espacios entre las hojas y nota el silencio de la bellota en ese momento inexistente o el hueso del mango del que surgió el primer brote de la creación, iniciando todo el proceso que finalmente se convertirá en el árbol que esté mirando.

Ve el desarrollo de ese proceso de vida, que existe en el interior del árbol y que lo deja dormir en invierno y florecer en primavera, hasta el infinito (o al menos mientras permanezca viva). Se da cuenta de que los nuevos mangos están produciendo no solo un nuevo fruto, sino también una infinidad de mangos. Ve esa fuerza vital en un solo árbol, extendiéndose hacia atrás y hacia delante en una corriente de creación continua.

Empiece a ver toda la naturaleza con esa nueva visión —pájaros, hormigas, lagos, montañas, nubes, estrellas—, todo.

Profundice su visión para no ver solo formas y límites. Aprecie el milagro que supone su entorno... Al hacerlo, se estará equilibrando.

Personas

Esas nuevas gafas le permiten verlo todo desde una nueva perspectiva. Ya no ve alto y bajo, oscuro y claro, hombre y mujer, viejo y joven, hermoso y feo. Sus lentes difuminan las líneas que clasifican a las personas con diferencias culturales o religiosas, y no ve a los demás solo a través de su ropa o de su aspecto físico o por el idioma que hablan. Todas las apariencias se disuelven mediante los filtros en sus lentes y en sus pensamientos, de modo que ahora ve el despliegue de la energía espiritual en todas las personas que encuentra.

Lo que percibe es amor puro vibrando frente a sus ojos. Ve la bondad personificada, ve y siente las mismas vulnerabilidades en todos los demás que siente en su interior; ve enormes franjas de energía apacible y brillante que los conectan. Su nueva visión le incita a imaginar alegremente que dos personas le crearon, y cuatro personas crearon a dos personas que le crearon a usted, y ocho personas crearon a cuatro personas que crearon a dos personas que le crearon a usted.

Si retrocedemos unas generaciones más hasta la época de Abraham Lincoln, ¡tenemos a dieciséis mil personas que están emparentadas con usted y que se unieron para crearle! Podemos imaginarnos retrocediendo hasta la época de Sócrates, y asombrarnos con el resultado del cálculo. Fueron necesarios trillones de personas para crear a uno de nosotros, pero no han existido trillones de personas, así que, de una forma asombrosamente matemática, todos estamos emparentados. Esas son las fascinantes conexiones que puede observar con sus lentes imaginarias que transforman sus pensamientos. Descubre que no hay nadie a quien juzgar, nadie a quien odiar, y nadie a quien perjudicar, porque ve claramente que estamos relacionados. De hecho, somos todos uno. Desde aquí, puede extender su perspectiva para incluir más vida.

Sucesos

Donde antes veía las idas y venidas de las personas como un puro azar en el momento actual, conformando los sucesos de su vida y de las vidas de cualquier otro, sus nuevas lentes filtrantes le permiten ver que todas esas cosas están relacionadas enérgicamente. Ahora ve una red infinita de energías tipo láser que emanan de los pensamientos de todos, fundiendo los acontecimientos de la vida de todos en una perfección enérgica. Ve a algunas personas con vibraciones de energía muy rápidas ajustándose perfectamente con la energía de la Fuente de creación. Ve cómo se sintonizan con la Fuente de vida que todo lo crea y todo lo sabe y cómo los sucesos se atraen perfectamente en un emparejamiento vibracional.

También ve lo que parecen ser accidentes, tragedias y horrores, y cómo ellos también son parejas vibracionales que colisionan en lo que ha denominado «errores», pero en realidad son el resultado de dos o más energías que se encuentran en una imagen mayor que antes no podía ver. Es testigo de la relación entre las expectativas de los individuos y lo que atraen en su vida. Con esas lentes asombrosas, se da cuenta de que todos los sucesos y todos los encuentros «accidentales» son realmente unas increíbles parejas vibracionales compatibles, en lugar de situaciones que ocurren al azar. Con esa conciencia, está alcanzando un nivel de equilibrio entre el Espíritu y la forma.

Cómo se ve la vida cuando espíritu y forma
están equilibrados

Esto es lo que he descubierto por ser capaz de mantener esos dos aspectos gemelos de la vida en equilibrio. Ahora veo la energía espiritual en todas las personas que encuentro. Cuando estoy tentado de juzgar a alguien, me recuerdo a mí mismo que debo verlo a través de mis gafas especiales. Cuando puedo hacerlo, todos los juicios negativos se disuelven. Me siento más sosegado sabiendo que no soy solo este cuerpo que estoy destinado a abandonar. También siento cada día el Espíritu dador de vida dentro de mí, ¡y es muy emocionante! Ahora sé que soy un ser espiritual infinito y que comparto esa energía original con todos los seres del planeta, así como con todos los que han vivido aquí o los que vivirán en el futuro.

Estar más equilibrado espiritual y físicamente me da la oportunidad de vivir en un continuo estado de gratitud y de respeto. Veo milagros en todas partes. Me tomo menos en serio. Me siento íntimamente conectado con los demás. Hay menos estrés en mi vida. Me siento menos presionado para encajar entre los demás o para tener éxito. Y lo curioso es que funciono a un nivel más elevado porque el Espíritu fluye sin impedimentos a través de mí.

Existe un cambio significativo en su vida cuando corrige el desequilibrio entre su ser físico y espiritual. El título de este capítulo se ha tomado de un poema muy conocido de Elizabeth Barrett Browning. Este es un fragmento del poema:

> *La Tierra está repleta de cielos,*
> *Y cada arbusto arde de Dios;*
> *Pero solo el que ve, se descalza,*
> *El resto se sienta y arranca bayas...*

Cuando Moisés se acercó al matorral en llamas, se descalzó y comulgó con Dios. Puede cambiar su foco y ver con nuevos ojos, animado por sus pensamientos. Cuando lo haga, verá que el poeta tiene razón: *«La Tierra está repleta de cielos»*. Si no se lo cree ni lo practica, disfrutará estando sentado por ahí recogiendo bayas.

Sogyal Rinpoche observó que «dos personas han estado viviendo en usted toda su vida. Una es el ego, grosero, exigente, histérico, calculador; el otro es el ser espiritual oculto, cuya voz calmada y sabia ha oído o escuchado pocas veces...». Le invito a recuperar cierto equilibrio buscando el cielo por todas partes y escuchando y atendiendo a ese ser espiritual oculto que está en su interior en todo momento, suplicándole que le preste más atención.

En busca del equilibrio, de Wayne W. Dyer
se terminó de imprimir en abril del 2008 en
Litográfica Ingramex, S.A. de C.V.
Centeno 162-1, Col. Granjas Esmeralda,
México, D.F.